対馬と倭寇

境界に生きる中世びと

関 周一

高志書院選書 8

はじめに

国境の島　対馬

玄界灘に浮かぶ対馬《つしま》（現、長崎県対馬市）は、九州と朝鮮半島の中間に位置する島嶼群である。上県郡《かみあがたぐん》の三町（上対馬《かみつしま》、上県《かみあがた》、峰《みね》）と下県郡《しもあがたぐん》の三町（豊玉《とよたま》、美津島《みつしま》、厳原《いづはら》）に分かれていたが、二〇〇四年三月一日、長崎県対馬市として六町が合併し、一島一市になっている。面積六九八平方キロメートル、中央部に西から浅茅《あそう》湾が深く湾入している。湾奥は、一九九〇年に開削された万関《まんぜき》瀬戸により分断されたため、上島と下島に分かれている。

古代以来、この島は、朝鮮半島の国家（現在は韓国）との間の国境の島である。島の人口は減少の傾向にあるものの、韓国からの観光客が多数訪れて島の経済に寄与しており、韓国人が土地を買う動きもある（産経新聞が、問題視して、しばしば取り上げている）。竹島《たけしま》（独島《ドクト》）の帰属が、日韓のあいだで問題になる際に、韓国の一部の人々から「対馬島は韓国のものだ」という意見が出されることもある。

では、対馬島に暮らす人々はどのような生活をしていたのであろうか。島の地形をみると、全島

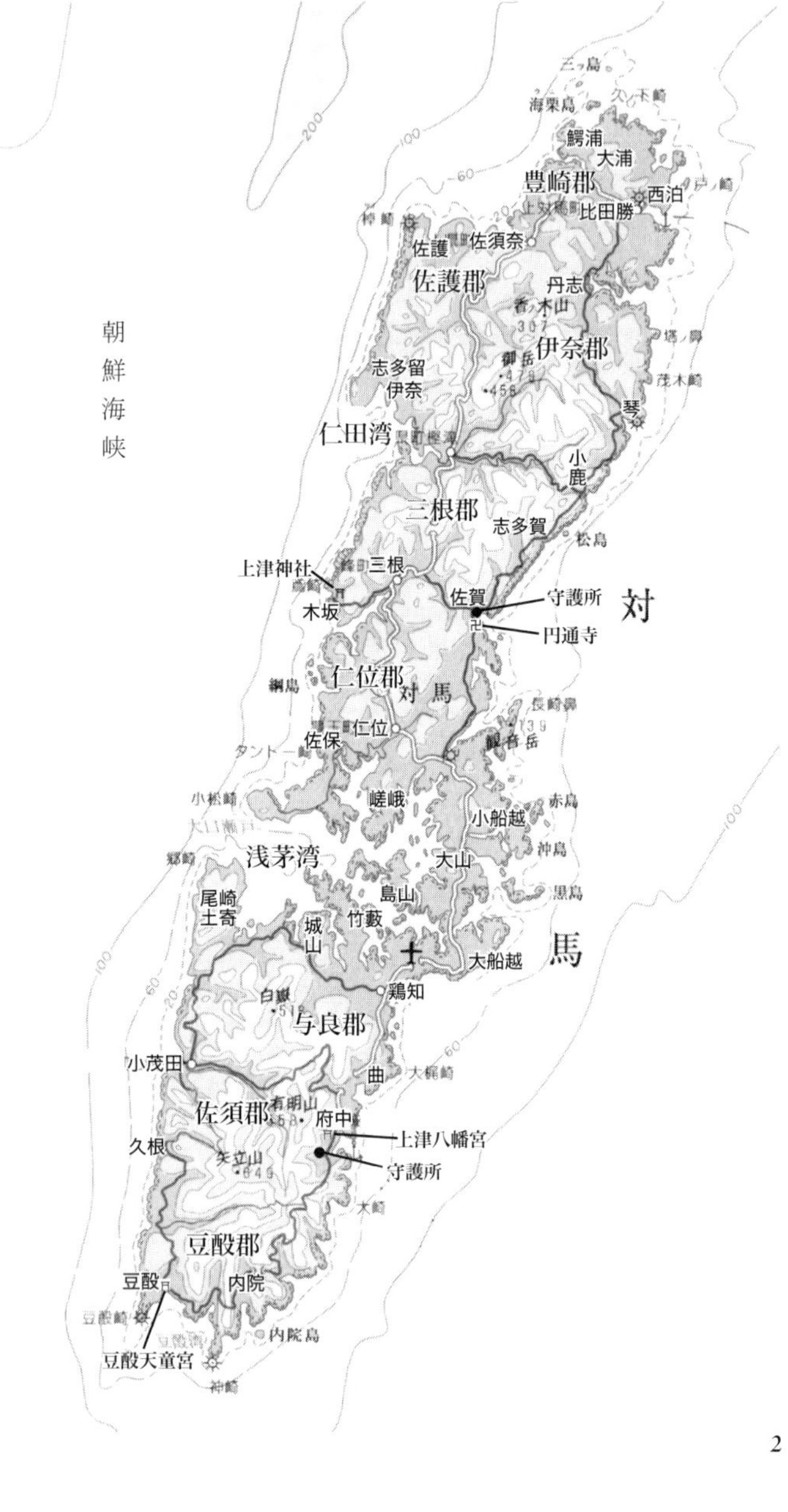
朝鮮海峡
豊崎郡
鰐浦
大浦
西泊
比田勝
佐護
佐須奈
佐護郡
丹志
伊奈郡
志多留
伊奈
琴
仁田湾
小鹿
三根郡
志多賀
上津神社
三根
佐賀
守護所
円通寺
木坂
対
仁位郡
対馬
仁位
佐保
嵯峨
小船越
浅茅湾
大山
尾崎
土寄
島山
城山
竹敷
大船越
馬
鶏知
与良郡
小茂田
曲
佐須郡
府中
上津八幡宮
久根
守護所
豆酘郡
豆酘
内院
豆酘天童宮

の八七パーセントが山林におおわれ、平地は少なく、海岸線には急峻な山々がそそり立ち、農業に適しているとはいえない。また日本の畿内や朝鮮の首都ソウルからみれば、辺境に位置づけられる。そのため例えば、朝鮮王朝の官人たちは、対馬は農業に不向きな土地で貧しいとの印象をもち、現在の研究者もこのように理解しがちである。

だが中世の対馬は、広くアジア海域に開かれた島であった。対馬島民の中には、朝鮮半島沿岸や半島南部の多島海、九州・琉球を行動範囲として、漁業や交易を行ったり、朝鮮半島や中国大陸において海賊(倭寇)になる者が多数いた。一五世紀には、朝鮮半島南岸の三つの港(三浦)に居住した者もいた。高橋公明氏は、対馬の人々は「豊富な海産物があり、北にも南にも交易する人々がおり、たとえ土地が痩せていてもここで楽しく暮らしていける」というように考えていたのではないかとし、海域世界という見方を提案している[大石・高良・高橋 二〇〇一:二七九～二八〇頁]。

また中世、対馬島民を支配する宗《そう》氏は、室町幕府や主家にあたる少弐《しように》氏との関係とともに、朝鮮王朝との間にも密接な関係をもち、朝鮮通交に関する諸権益を獲得し、それを利用して、対馬島民を支配下においた。

このように対馬は、アジア海域の交流の主要な拠点であり、それは島主宗氏や島民たちが交流を担っていた。対馬は、アジア海域におけるさまざまな交流の姿が集約されている場である。また日本・朝鮮の二つの国家との関係を持つ宗氏は、日本と朝鮮との境界にある領主の姿を示し、日本中世の領主像を考える材料にもなる。本書は、対馬と三浦を舞台に、対馬島民の活動や、宗氏の島民支配などについて、明らかにしていこうというものである。

本書では、対馬島民を象徴する言葉として「倭寇」の語をタイトルに用いている。倭寇は、朝鮮半島や中国大陸で、米や人などを掠奪する海賊を指すことばであるが、掠奪したヒトやモノは商品として交易するため、商人という側面も持っている。また倭寇は、日本・朝鮮・中国・琉球との間の境界を自由にこえて活動し、また対馬島以外の人々、例えば済州島や朝鮮半島南部沿岸部の人々とも連携しており、国家や民族の枠をこえた人々であった。村井章介氏は、倭寇を境界人と規定している［村井 二〇一〇］が、本書のタイトルの「倭寇」は、そうした境界人としての倭寇という意味を込めて使用している。

中世の対馬に関する研究

中世の対馬に関しては、日朝関係史の視点から多くの研究が積み重ねられてきた。ここでは、代表的な成果を紹介しておきたい（個別の研究については、各章を参照のこと）。

先駆的な研究には、戦前から日朝関係史の研究を主導した中村栄孝氏［中村 一九六五ａなど］や、戦後、八学会連合対馬共同調査委員会（のち九学会連合）による総合調査に参加し、対外関係全般に及ぶ幅広い視野から対馬を位置づけた田中健夫氏［田中 一九五九など］の研究がある。

日朝関係史の立場から対馬に関する研究の基礎を築いたのは、長節子氏である［長 一九八七・二〇〇二a］。宗氏の系譜をはじめ、朝鮮関係の諸権益が宗氏の領国支配におよぼした影響など、対馬島内の情勢ばかりでなく、対馬と朝鮮との関係を関連づけた精緻な研究である。そのほか、宗家文庫や島内文書を調査し、対馬の海民や倭寇などに関する考察を進めた佐伯弘次氏［佐伯 二〇〇八・二〇一〇］や、対馬島内外の政治情勢と対朝鮮関係を関連させ、偽使《ぎし》派遣の構造や貿易商人に関する考察などを進めている荒木和憲氏［荒木 二〇〇七］の研究がある。

また水稲文化が日本の中でも早い時期に伝わった場であることに注目した早稲田大学水稲文化研究所は、対馬市厳原町豆酘《つつ》の多久頭魂《たくずたま》神社において行われている赤米神事や芸能、豆酘の耕地や集落などの現地調査を実施している［早稲田大学水稲文化研究所編 二〇〇七］。調査に参加した黒田智氏は、対馬に関する絵図の分析を進め、豆酘の村落景観や祝祭空間を描き出した［黒田智 二〇〇九］。

中世対馬に関する概説には、佐伯弘次氏や長節子氏の成果がある［佐伯 一九九〇・二〇〇八、長二〇〇二a］。さらに対馬島内に在住し、対馬の地域史研究を長年リードしてきた永留久恵氏が、三巻にわたる通史をまとめ［永留 二〇〇九］、体系的に対馬の歴史を知ることができるようになった。

本書は、こうした諸研究に学びつつ、次の点にしぼって、対馬と三浦《さんぽ》における交流の実相に迫っていきたい。

対馬島の歴史を知ってもらうために、1章では、島の地理的な特徴をおさえたうえで、古代・中世の対馬の歴史と、宗氏の歴史的な位置づけを明らかにしておきたい。2章では、中世の対馬と朝鮮との関係を、倭寇や貿易などを通じて概観し、特に近年研究が進んだ偽使について考察したい。

3章では、伝世品や考古資料にも目を向けながら、対馬にもたらされたさまざまなモノを扱い、対馬において展開した物流を考察する。対馬が、アジアにおける物流の拠点であることを明確にし、物流を主導した倭寇らの活動にも触れたい。

4章では、中世対馬の生業とそれに伴う課役に視点を当てることで、対馬島民(百姓身分)の生活と、宗氏がいかに島民を支配していったのかについて明らかにし、また農耕を通じて中世社会の一面を見いだしてみたい。

5章では、対馬島民をはじめとする境界人の活動の場であった朝鮮半島南岸の三浦の歴史を、朝鮮の史料をもとに考察する。朝鮮との境界を超えて活動する対馬島民や恒居倭《こうきょうわ》の実像や、朝鮮王朝や宗氏が彼らにいかに対処したのかを論じる。

おわりでは、応永の外寇(己亥東征《きがいとうせい》)後に起きた対馬島の帰属をめぐる日朝間の交渉や、対馬守護・対馬島主宗氏が日朝の国家とどのような関係にあったのかを考える。

目　次

目　次

対馬と倭寇

——境界に生きる中世びと——

第1章　古代・中世の対馬

一　古代の対馬

文献上に対馬が見える最初は、中国の歴史書である『三国志』魏書東夷伝倭人条、いわゆる『魏志』倭人伝の記事である。帯方郡から倭にいたる経路を説明するなかで「対馬国」をあげている。「対馬国」は、西日本各地にみられる小国の一つであった。

『魏志』倭人伝では、「対馬国」は「倭人」条に置かれ、「韓人」と区別されている。「狗邪韓国《くやかんこく》」から「一海」を渡り、「対馬国に至る」とあるので、「倭」と「韓」の境界は、朝鮮海峡であると認識されていた。そして対馬は、「絶島であり、四方は四百里ほど。土地は山が険しく、深林が多く、道路は鳥や鹿の径《みち》のようだ。家は、千余戸ある。良い田は無く、海産物を食べて自活し、船に乗って南北にゆき、米を買うなどする。また南の一海を渡ること千余里、瀚海《かんかい》という名である」と記されている。瀚海は大海のことで、対馬海峡を指す。

対馬島は、九州・本州の倭人社会と同様に弥生文化が広がっていたとみられている。その一方、大陸系の文物も対馬の弥生遺跡からしばしば出土している。大陸系文物は、朝鮮半島南部で作られた金属器・玉器・土器が多い。『魏志』倭人伝に、対馬島民が「船に乗って南北にゆき、米を買う」といった記述があることも考え合わせると、対馬島民の広範な活動が、朝鮮半島と九州の交流に大きな影響力をもっていたともいえる。朝鮮半島の人々の往来も想定できよう。

対馬島には古墳時代の遺跡も多い。浅海の沿岸には箱式の石棺墓が集中し、内海の最奥にある鶏知《けち》(対馬市美津島町)には、対馬で唯一の前方後円墳群もある。鶴の山古墳(出居塚古墳)の年代は、島内最古の四世紀後葉とされる。これらの古墳の被葬者は、対馬の豪族であったとみられ、『古事記』や『日本書紀』に見える「対馬県直」に相当すると考えられている。

このように、対馬は、日本列島各地の文化と共通の要素を持ちつつも、朝鮮半島との間を活発に往来する人やモノの移動を背景に、朝鮮半島の文化の影響を受ける場であった。双方の社会や文化の要素を持ちつつ、対馬独特の社会や文化を作り上げていくという環境であった。

対馬島の政治上の実効支配という側面からいえば、古代以来、対馬は倭または日本の国家の支配が及ぶ場であり、朝鮮海峡は朝鮮の国家(新羅や高麗、朝鮮王朝)との国境に位置づけられた。

古代において、倭王権(大和朝廷)が、朝鮮半島(韓半島)との国境を強く意識するようになったの

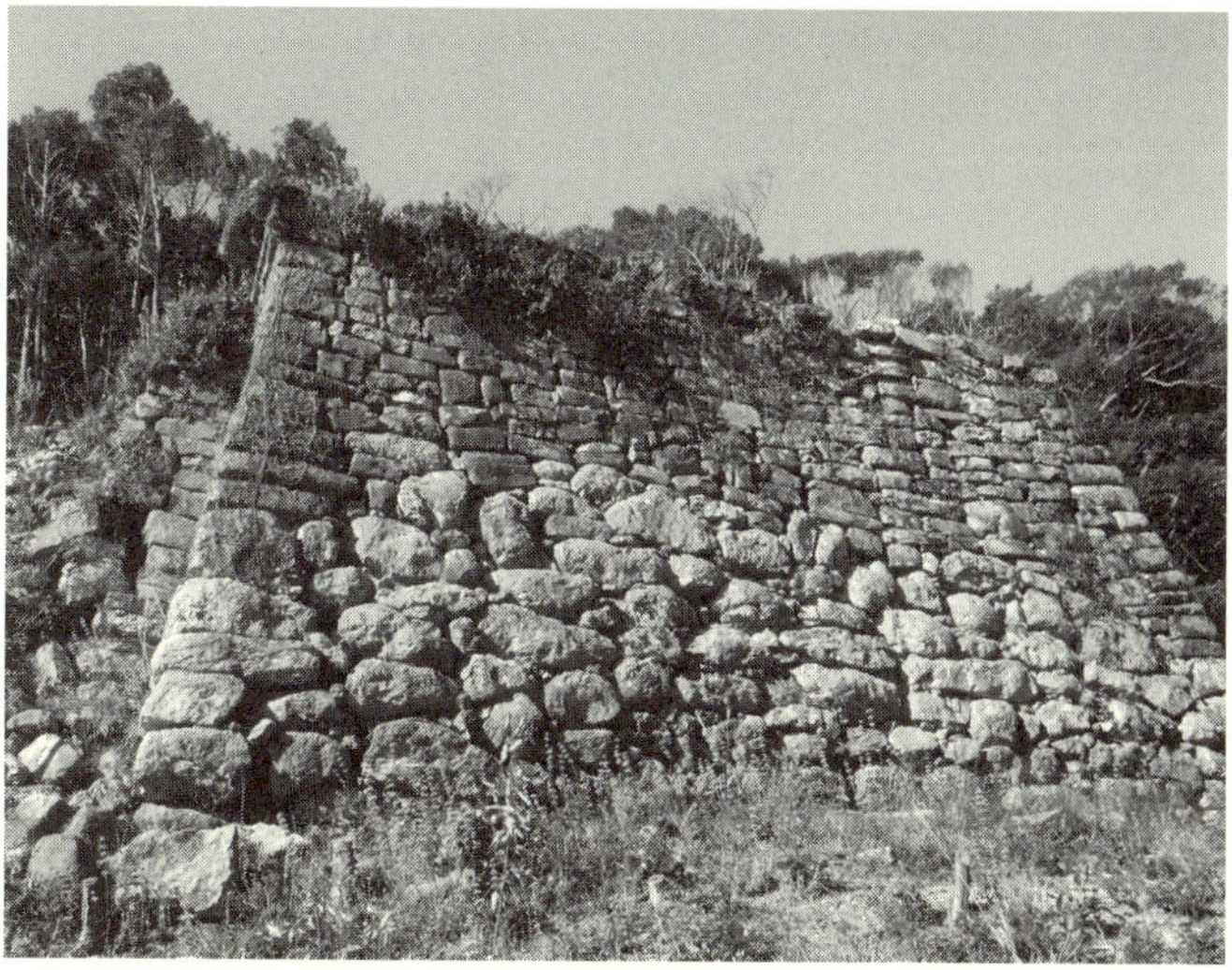

金田城の石垣

は、七世紀後半のことと考えられ、それが決定的になるのは、六六三年の白村江の戦いである。唐・新羅連合軍に敗れた倭王権は、唐や新羅に対する防備体制の構築を急ぎ、二年後の六六五年には筑紫に大野城を、六六七年には倭国《やまと》高安城・讃岐国屋島城と並んで対馬国に金田城《かなだじょう》を築いた。金田城は、対馬市美津島町黒瀬の城山に築かれた古代の朝鮮式山城である。浅茅湾の南岸にあって、湾内に突き出た半島の先端部に位置し、湾口の大口瀬戸方面を一望できる。近年、発掘調査と復元整備が進められている。

　天武朝以降整備された律令国家にとって、対馬島は、壱岐や陸奥・出羽・佐渡とともに「辺要」と位置づけられ、上県・下県二郡を管する「対馬島」として、筑前国・筑後国などの「国」に準ずる扱いを受けた。対馬・壱岐は、九州の統轄や辺要防備の任にあった大宰府の管轄下にあって、朝鮮半島・中国大陸に接する最先端基地の性格を強く持つことになる〔川添 一九八二〕。令制下では、対馬は下国として扱われ、国分寺・国分尼寺の制がしかれ、島分寺が設置された。『延喜式』に記載された神社、すなわち式内社は、二九座(大六座・小二三座)も置かれていた。

対馬島には、都から対馬島司が派遣され、島衙(他国では国衙にあたる)が組織された。島内では、在地勢力である、かつての国造《くにのみやつこ》は、令制下では郡司となり、在地に勢力をはった。平安時代の有力な在地勢力は卜部《うらべ》氏、後には阿比留《あびる》氏であった。

二 中世の対馬

(1) 中世対馬の景観

中世の対馬は、どのような場であったのか。その景観や対馬島民の生活は、朝鮮王朝の史料から探ることができる。

長年朝鮮王朝の外交に携わっていた官人の申叔舟《シンスクチュ》は、『海東諸国紀《かいとうしょこくき》』(一四七一年成立。田中健夫氏の校訂により岩波文庫に所収)という日本・琉球の研究書を著している。「対馬島」は同書の「日本国紀」の一つの項目であるが、他の国々に比べて、その歴史や朝鮮に通交した人々の記載が詳細で

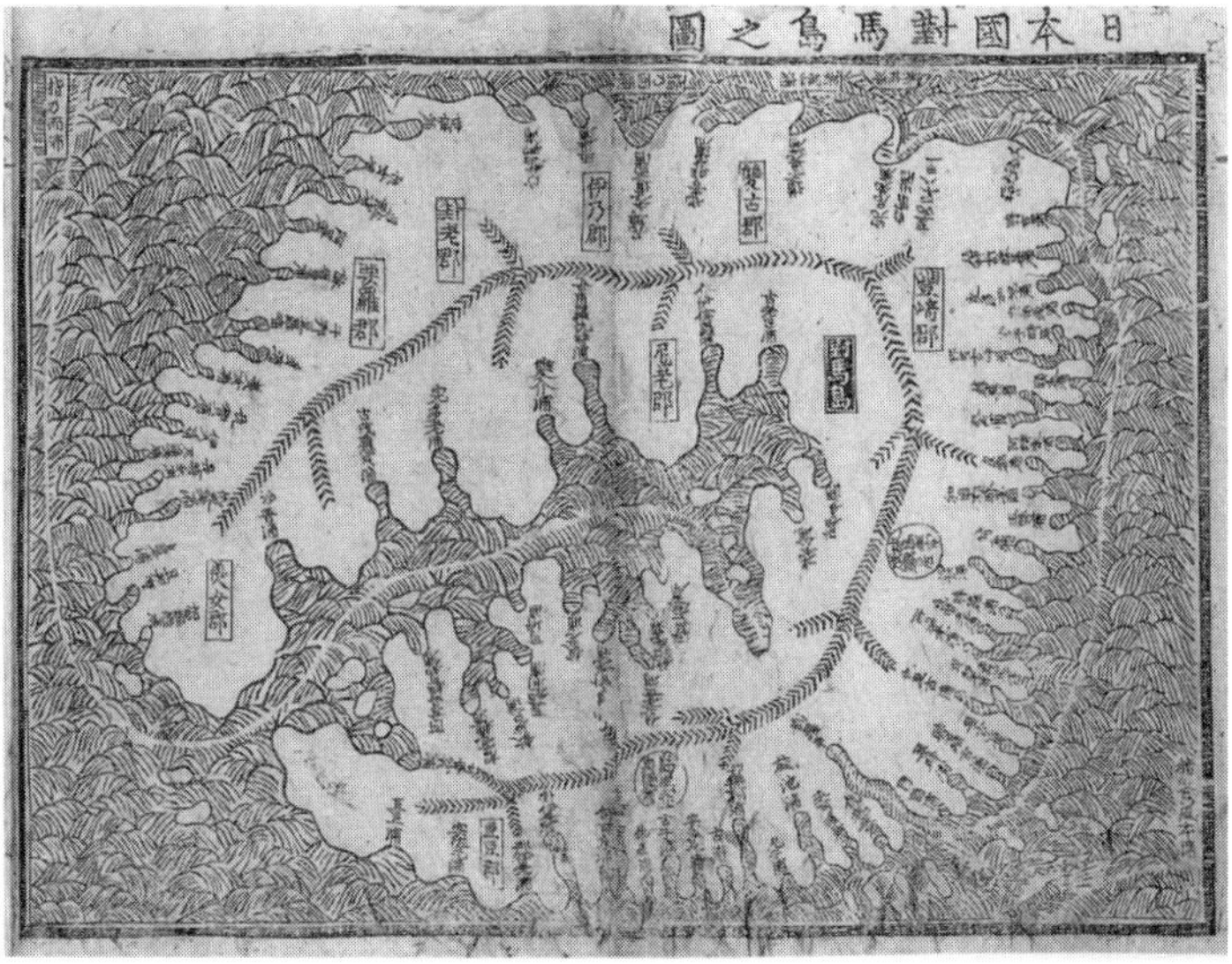

日本国対馬島之図（『海東諸国紀』）

あり、特に島内の八二の浦を記していることは注目される。これに対応して、同書には、「日本国対馬島之図」が収められている。対馬島は、南北に長い島だが、この図は、浅茅《あそう》湾を内側に包み込むように、北部・南部を折り曲げたように描かれている。黒田智氏が、クロワッサン型と名づけた図であり、島々の輪郭線をおおう波濤と、対馬島の中央部を走る山並みの記号から構成され、八二浦が書き込まれている。さらに、黒田氏が指摘するように、二つの航路が白線で描かれている〔黒田智 二〇〇九〕。したがって、この地図は、航海での使用を念頭においた地図といえる。

同書の日本国紀、対馬島条には次のような記載がある。

郡八、人戸は皆沿海に浦にして、凡《すべ》て八十二浦に居す。南北は三日程、東西は或は一日、或は半日程なり。四面は皆石山にして、土瘠《や》せ民貧し。煮塩・捕魚・販売を以て生となす。

八郡とは、豊崎《とよさき》郡・豆酘《つつ》郡・伊奈《いな》郡・仁位《にい》郡・与良《よら》郡・三根《みね》郡・佐護《さご》郡・佐須《さす》郡のことをさす。島の四面は皆石山ばかりで、土は痩せて民は貧しく、島民は、製塩・漁業・交易を生業としているというのが朝鮮側の対馬に対する認識であった。

このようなイメージは、朝鮮王朝が対馬に派遣した使節の帰朝報告に、しばしばみることができる。帰朝報告は、使節が王朝に提出した復命書や、使節と国王との問答のなかで示されているものをさしている［関 一九九九］。

朝鮮使節の詠んだ漢詩や帰朝報告の中には、対馬の農業に関する観察も含まれている。応永の外寇（一四一九年）の翌年に来日した回礼使宋希璟《ソンヒギョン》の漢詩文集『老松堂日本行録《ろうしょうどうにほんこうろく》』（岩波文庫、村井章介校注）三六節には、対馬の農業に触れた箇所がある。日本への往路で詠んだもので、同年二月、対馬の東海岸側を航行している際に詠んだ「舟中雑詠五種」の中の詩である。

人居

縁淵に見るを得たり両三家　片々たる山田に麦華を発《ひら》く　那《な》んぞ識《し》らんや朝鮮千万里　春風
処々桑麻に富めるを

前半が船から見た対馬の光景であり、海に面した縁涯に人家が二、三軒あり、崖の斜面を利用した片々とした「山田」（山間にある畠や焼畑）に麦が華《はな》を発《ひら》いている様子を詠んでいる。この情景と、朝鮮の春に桑・麻が豊かに実っている様子を対比させている。

一四八七年に対馬を訪れた対馬島宣慰使の鄭誠勤《チョンソングン》は、復命して、次のように述べている（現代語訳で引用）〔佐伯 一九九〇：二六三頁〕。

土性が甚だ薄く、水田はなく、皆山田を耕作して食料を得ている。山林を伐ることを禁じ、耕作して食料を得させないようにしている。人々は葛根や蕨根を取ったり、あるいは海の魚を取って煮て食している。飢えている人々が多く、以前はもっぱら我が辺境を襲って掠奪し、生活の資としていた。しかし対馬島主による禁圧がたいへん厳しいため、彼らはかえって恨みに思い、「吾輩を飢死させようとしているのだ」と言っている。（『成宗実録』一八年六月戊寅条）

土性が甚だ薄く、水田はなく、みな山田（山間にある畠や焼畑）を耕作して食料を得ていることを述べている。また山林を伐ることを禁じ、耕作して食料を得させないようにしているという。

中世の対馬は農業には厳しい環境ではあったが、対馬に遺された中世の古文書をみると、狭小ながら水田・畠や焼畑があり、豊富な山林資源も活用されていた。島内の山村などにみられる焼畑は、中世史料では「木庭《こば》」と呼ばれ、相当な規模で展開していたという〔早稲田大学水稲文化研究所 二〇〇七〕。右の鄭誠勤の報告によれば、一四八七年の時点では、木庭（焼畑）の開発は禁止されていたことになる。

お胴塚

(2) 鎌倉時代

鎌倉時代の対馬島内では、阿比留氏にかわり、宗《そう》氏が台頭する。長節子氏によると、宗氏は、対馬在庁官人の惟宗《これむね》氏が武士化したもので、対馬の守護・地頭であった武藤氏（大宰少弐《だざいのしょうに》を世襲したので、少弐《しょうに》氏ともいう）の地頭代になったことで、かつての実力者であった阿比留氏にかわって、島政の実権を握ることができたのだという〔長一九八七〕。

地頭代の宗資国《そうすけくに》が、宗氏を名乗る最初の人物である。一二七四年（文永一一）一〇月六日、来襲したモンゴル軍に対し、佐須《さす》浦（対馬市厳原町の西海岸）で戦い、子息らとともに討死した（『八幡愚童訓』）。同地の小茂田浜《こもだはま》神社では今も資国を祀っている。また対馬島内には、宗資国の墓と称する塚が二ヶ所ある。一つは、鶴野（対馬市厳原町）の観音山にある「お首塚」、もう一つは樫根《かしね》（対馬市厳原町）の法清寺の庭にある「お胴塚」である。「お首塚」には正方形の基壇上に形の崩れた宝篋印塔《ほうきょういんとう》が、「お胴塚」には、異なる部材を積み上げた五輪塔《ごりんとう》が立っている。

(3) 南北朝時代

南北朝時代、宗氏は少弐氏に従って、九州各地を転戦し、筑前などに所領を得た。宗経茂《そうつねしげ》(法名は雲岩宗慶)は、所領・給分の充行《あてがい》・預け置きや、漁業関係の諸権益を安堵するなど、対馬の支配を実質的なものとした。

南北朝後期以降、少弐氏に代わって、宗氏による対馬の知行が展開していく。南北朝後期から室町時代は、宗氏の一族内でも、惣領家と庶流の仁位《にい》宗氏との間で、守護職や朝鮮通交権をめぐる抗争が展開した。仁位宗氏は、仁位に居住した宗氏一族で、宗経茂の弟頼次《よりつぐ》(法名宗香《そうこう》)に始まる。永和四年(一三七八)より以前の段階で、宗澄茂《そうすみしげ》は、室町幕府から対馬国守護職に任じられている。澄茂は仁位宗氏で、惣領の座を奪い取ったのである。また少弐氏との主従関係は継続しており、少弐氏を助けて九州へしばしば出兵している[長 一九八七]。

(4) 室町時代

室町時代初期、対馬島内に基盤を確立したのは、宗貞茂《そうさだしげ》とその子の貞盛《さだもり》であった。一四世紀末、宗経茂の孫にあたる貞茂は、対馬守護・対馬島主となる。貞茂の父は、申叔舟の『海東諸国紀』にみえる霊鑑《れいかん》(法名)である。貞茂は、応永五年(一三九八)、仁位宗氏の頼茂を討ち、対馬島主の地位を獲得した後、少弐貞頼に従って、九州に出兵する。応永六〜九年、貞茂は伊奈郡

宗氏　略系図

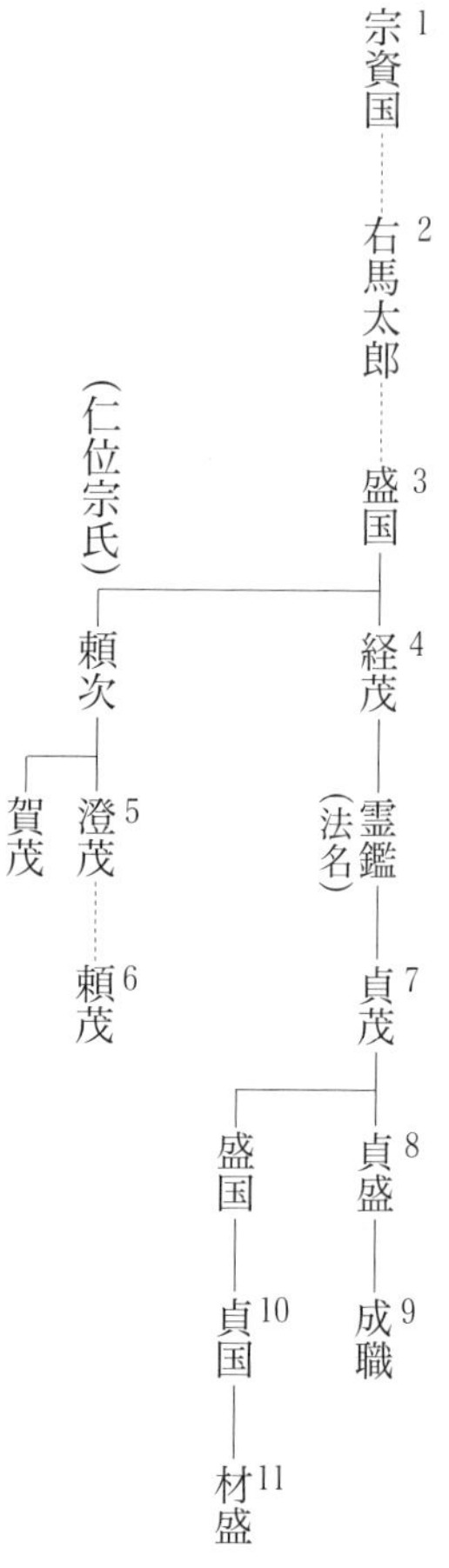

（〔長 一九八七〕による。数字は対馬島主就任の順を示す。）

主宗資茂や仁位宗氏の宗満茂を率い、豊前香月《かつき》・上津役《こうじやく》（ともに福岡県北九州市）の合戦に参戦した。その間、父の霊鑑が対馬を統治していたという。

ところが、応永八年、仁位宗氏の宗賀茂《そうかも》が蜂起して霊鑑は政権を奪われてしまう。それに対して、霊鑑は翌年七月再び政権を奪取する。同年末にも宗五郎なるものが謀反を企てたが、未然に防いでいる。

霊鑑は、このような争乱を克服して島内支配の安定に努め、宗氏一族や島内諸氏の被官化を進めた。北九州においては貞茂が主家の少弐貞頼に従い、大内盛見《おおうちもりみ》や九州探題渋川満頼《しぶかわみつより》との抗争を繰り返した。だが、応永一一年に貞頼が没し、翌年に貞頼の子法師丸（のち満貞）に帰参するという状況のもと、貞茂は北部九州を離れて対馬に定着するようになる。応永一五年には弟の満澄《みつすみ》を守護代代官として、実質的に筑前国守護代を委譲している。また島内寺社の保護にも努め、朝鮮通交を通じて経典・梵鐘を施入し、「造塔の資」を求める勧進も行っている。貞茂は、対馬島内に留まらずに朝鮮半島や壱岐などに移動するような、流動性の強い島民に対して、その行動を規制して公事を賦課しようとした。朝鮮関係の諸権益を掌握することで、島内の反対勢力を押さえ、諸氏の被官化を進めていったのも貞茂であった〔長一九八七、荒木二〇〇七〕。

宗貞茂の子が貞盛である。幼名は都都熊丸《つつくままる》。荒木和憲氏は、次の四点から貞盛期に「対馬国」すなわち宗氏領国の確立をみる。

①「公方」意識の変化。従来は、限定的に宗氏を「公方」と呼んでいたが、自立的な地侍層が、宗氏権力を「公方」＝公権力と意識するようになった。

②「対馬国」意識の出現。宗貞盛の発給文書をみると、永享一二年（一四四〇）までに「対馬島」という表記は、「対馬国」表記に変化している。

③宗氏から家臣への官途授与方式の変化。室町幕府の権威に仮託して家臣に官途を与える形式の官途挙状から、貞盛自らが官途を与える形式の官途状に変わった。

④宗氏の系譜認識の変化。貞盛は、従来の惟宗姓から平姓へと変えた。

こうして宗氏は、律令遺制としての「対馬島」から脱却し、自らの領国を「国」と認識するようになった〔荒木 二〇〇七〕。

三　宗氏の対馬島内支配

宗氏の守護所は、対馬島東岸の佐賀《さか》(対馬市峰町佐賀)であったが、応仁元年(一四六七)に、かつて国府があった国府《こう》(府中《ふちゅう》・厳原《いづはら》、対馬市厳原町)に移転した。佐賀は、朝鮮との交渉に便利な場であったが、国府に移転したのは九州との関係を重視したものとみられている。荒木和憲氏によれば、佐賀の経済的機能はその後も衰えず、府中は政治的中心、佐賀は経済的中心であったという〔荒木 二〇〇七〕。

宗氏の守護館は、各地の守護クラスの武士の館と同様に、ハレの場と日常の場とが明確に分かれていた。対馬島に派遣された朝鮮使節金自貞の報告を読むと、府中(厳原)にあった宗貞国の館(守護館)には、「前と後の庁舎(屋敷)があり、また馬厩・厨舎がある。島主は後庁(後の屋敷)に居住し、前庁(前の屋敷)では、賓客の応対や事務を行うのみである。茅葺《かや》きで、館の周囲は垣根でおおい、垣根の外側には塹壕《ざんごう》(堀)がめぐらされ、海水を引き入れている」と記されている(『成宗実録』七年〔一四七六〕七月丁卯条)。島主の居館が、日常の住まいである屋敷(私的な空間、ケの場)と政務・儀式

厳原の風景

を行う屋敷（公的な空間、ハレの場）とが分れていたことがわかる［関 一九九九］。都市全体を城壁で取り囲む邑城《ゆうじょう》をつくり、その中に官衙を置くという朝鮮王朝の地方支配のあり方とは、明らかに異なっている。

領主の下には、対馬守護・対馬島主の宗氏一族、彼らに仕える代官・郡老層や、宗氏に知行を安堵される給人《きゅうにん》層がいる。荒木和憲氏は、宗氏の家臣団は、直臣と在地被官によって構成されていたとする。直臣は、宗氏の守護所（佐賀・府中）に出仕して政務にたずさわる重臣・吏僚である。そのうち宗氏一門からなる郡主は、いくつかの村落を領域的に支配して、地侍たちを被官化するような在地領主（国人・国衆）である。直臣の多くが鎌倉・南北朝期（おそくとも室町初期）から宗氏に従属した根本被官とみられ、重臣・吏僚（奉行・代官など）として領国の政務にたずさわり、近世初期には「家中」を構成して家老・奉行・代官などとして藩政を担っている。在地被官は、宗氏の被官になった地侍であり、「地下殿原衆《じげとのばらしゅう》」「乙名衆《おとなしゅう》」「田舎衆《いなかしゅう》」などと呼ばれる。居村・近隣の村落に居屋敷と小規模な土地を所有し、室町初期から戦国期にかけて宗氏の被官となる。近世初期には百姓身分となる場合が多い［荒木 二〇〇七］。本書4章では、史料用語でもある給人の語を使用しているが、これは荒木氏のいう在地被官にあたる。

対馬の被支配身分である島民は、室町時代、百姓と称される身分であった。奴婢も存在し、その中には倭寇に拉致されて転売された朝鮮人や中国人もいた（倭寇に拉致された人を被虜人《ひりょにん》と呼ぶ）。本書で、対馬島民と呼ぶのは、百姓や奴婢身分を指している。

対馬の百姓たちの主な生業は、『海東諸国紀』に述べられているように製塩・漁業・交易であったとみられ、対馬島周辺の海域で多くの海民が活動していた。また田畠や焼畑を耕作する人々も多かった。海民の中には朝鮮半島南岸で交易や漁業をしたり、倭寇に転じ、朝鮮半島や中国大陸において掠奪行為を行う人々もいた。

以上、古代・中世における対馬の支配のあり方、特に宗氏の位置や、対馬の景観などをみてきた。対馬の社会を成り立たせる上では、朝鮮半島との交流が必要不可欠であった。次章では、中世における対馬と高麗・朝鮮王朝との交渉を概観したい。

第２章　倭寇と偽使

一　倭寇

平安時代後半以降、高麗と日本との交流は、中国人海商らによる貿易のほか、高麗の地方官衙と対馬・大宰府との交渉が中心であった。一〇八五年、「対馬島勾当官《こうとうかん》」(対馬島衙か)が、高麗に使節を遣し、柑橘を進上している(『高麗史』宣祖二年二月丁丑条)。

一二世紀以降、対馬島の国衙から高麗の地方官衙あてに進奉船《しんぽうせん》が派遣され、貿易が行われていた。対馬の高麗に対する進奉関係の成立は、進奉船に関して詳細に検討した李領氏によれば、嘉応元年(一一六九)である可能性が高く、その推進者は平清盛の意志を受けた平頼盛、あるいは少弐宇佐公《きん》通《みち》であったという。その実態は、進奉を名目とした貿易であり、対馬島衙・大宰府などの地方行政機関がその主体である。また李氏は、進奉船の終焉を文永三年(一二六六)一一月、モンゴルから日本の入朝を促す詔書が高麗に送られた時点に求めている［李領 一九九九］。ただし、成立の時期については、山内晋次氏が批判しており、再考の余地がある［山内二〇〇三］。

その一方で、鎌倉時代の一三世紀前半、倭寇が朝鮮半島南岸を襲い、掠奪をくりかえすようになる（初発期の倭寇、一三世紀の倭寇）［李領 一九九九］。この倭寇の中には、対馬島民もいた。安貞元年（一二二七）、「高麗国全羅州道按察使」から「日本国物〔惣〕官大宰府」に宛てて、対馬島人が慶尚《キョンサン》道《ド》の金海《キムヘ》（金州《キムジュ》）や全羅州《チョルラジュ》を襲ったことに抗議する高麗国全羅州道按察使牒が発せられた（『吾妻鏡』嘉禄三年五月一四日条、『鎌倉遺文』第六巻三五七八号）。これに対する大宰少弐武藤資頼《むとうすけより》は、朝廷への上奏を経ることなく、大宰府に派遣された高麗国使の前で「悪徒」九十人の首を斬った。そして密かに高麗への返牒を送った（『百錬抄』安貞元年七月二一日条）。

倭寇の活動が本格化するのは、一三五〇年以降であり、倭寇は朝鮮半島を連年襲撃し、中国大陸を襲撃する者もいた（前期倭寇）。前期倭寇の主な構成員は、朝鮮王朝が、「三島の倭寇」とよぶ、対馬をはじめ、壱岐・松浦地方の人々とみられるが、高麗朝に不満をもつ高麗の人々も含まれている可能性がある［関 二〇一〇］。

『高麗史』『高麗史節要』『朝鮮王朝実録』という朝鮮史料によれば、倭寇の主な掠奪品は、食糧（米）と沿岸の住民たちである。食糧については、租米を運ぶ輸送船や、それを備蓄する倉庫が攻撃の対象になった［関 二〇一〇］。彼らが奪った米や人などは、売買された。したがって、前期倭寇は、掠奪者(海賊)としての側面と、交易を行う商人(海商)としての側面とがあった。朝鮮王朝が成立してまもなく、倭寇の有力な頭目であった早田左衛門大郎《そうださえもんたろう》は、朝鮮王朝に帰属して、頻繁に貿易をしている。その子の早田六郎次郎は、一四二〇〜三〇年代、琉球―対馬―朝鮮を結ぶルートで活躍する商人(海商)であった。

また倭寇に捕らえられた人々(被虜人)は、案内人(諜者)として倭寇の活動に従事させる他、博多や壱岐・対馬や琉球の那覇などに転売された。当時は、人身売買が頻繁に行われ、倭寇による被虜人も商品であった[関二〇〇二]。

対馬には、数多くの被虜人がいた。一四一九年の応永の外寇(朝鮮では、己亥東征《きがいとうせい》とよぶ)で、対馬を襲撃した朝鮮軍は、被虜中国人の男女百三十一人や、朝鮮人八名らを獲得している(『世宗実録』巻四、元年〔一四一九〕六月癸巳・壬寅条)。

応永の外寇後、朝鮮王朝から日本回礼使として派遣された宋希璟《ソンヒギョン》は、一四二〇年、対馬周辺で、次のような光景を目にしている。宋希璟の船を見て、一人の倭人が近づいてきた。その倭人は、小舟に乗って魚を捕ることを生業としており、希璟一行に魚を売ろうとした。船の中には一人の僧侶がおり、跪いて食糧を求めた。希璟は、食糧を与え、僧侶の境遇について尋ねた。僧侶は、「自分は中国江南台州の小旗(明の軍官)であるが、二年前(一四一八年)に捕虜となり、ここに来て、髪を削られて奴となった。辛苦に耐えないので、自分を連れていってくれ」と答え、涙を流した。倭人は、「米を自分にくれるなら、この僧を売ろう」と話をもちかける。希璟は、僧に対し、この島での居住地の地名を尋ねると、僧は「自分は転売され、この倭人に随って二年になるが、このように海に浮かんで暮らしているので、地名を知らないのだ」と、答えている（宋希璟『老松堂日本行録』三六節）。このケースでは、海上の漁業活動に使役されている「奴」であり、僧体であることが彼の身分を表している。そして被虜人を使役していたのは、海上に生活する漁民（海民）であった。

早田左衛門大郎や宗貞盛のもとにも被虜人がいた。早田左衛門大郎は、朴貴山《パクキサン》・金同《キムドウ》という被虜朝鮮人を購入し、奴として使役していた（『世宗実録』五年六月甲子条）。宗貞盛は、奴婢の朝鮮人・唐人・倭人が逃げだしたので、その送還を朝鮮王朝に求めている（『世宗実録』一六年正月庚子条）。彼らは、家内奴隷として使役されていたものと思われる。また対馬の時羅（四郎）は、明の浙江を襲撃し、掠奪した陳仏奴を妻とし、男（夫）の符旭を奴としていた（『太宗実録』一八年二月庚戌条）。

では倭寇の組織はどのようなものだったのであろうか。具体的な史料がなくてよくわからないが、一五世紀後半については、次のような事例がある。対馬国分寺住持の崇統《すうとう》が朝鮮へ送った明人の潜《せん》巌《がん》は、対馬の倭寇について次のように朝鮮側に告げている。それによると、阿里浦《ありほ》（長崎県対馬市厳原町阿連《あれ》）に居住する戒時羅《しろう》（四郎か）等三十余戸は、漁業を生業とするものの、実は朝鮮人の衣服・軍器・鋳器等を盗み、対馬島内の富家に売却している。彼らは代官の管下にあり、捕縛できないという（『成宗実録』一七年〔一四八六〕八月辛卯条）〔関 二〇〇二〕。一五世紀後半は、倭寇の活動は下火になっている時期であるが、依然朝鮮半島で掠奪を続けており、その掠奪品が島内で売却されるという構造があったことがわかる。彼らと代官が結託している様子もうかがえる。

その一方、朝鮮南岸の港に入り、交易を行う船もあった。そのような船を、朝鮮側は興利倭船《こうりわせん》(乗員が興利倭人)と呼んでいる。長節子氏によれば、朝鮮王朝領内において、魚・塩を持ち込み、朝鮮側の米と交換していた〔長 二〇〇二a〕。ただし、一五世紀初め頃には、山東半島などを襲った倭寇とつながりを持ち(あるいは倭寇自身)、中国商品を朝鮮半島に持ち込む興利倭船もあった(3章参照)。また博多や肥前などを往来する興利倭船もあった〔佐伯 二〇〇一・二〇〇四〕。日本通信使朴《パク》瑞生《ソセン》の報告によれば、対馬島の商人の多くは「本国銭」を用い、「歴代銭」を雑ぜて販売していた。そのため礼曹の啓《けい》(上申書)により、世宗は、倭人が往来する各地の官衙や港町において銭を用いて売買することを禁じている(『世宗実録』 一一年〔一四二九〕四月戊子条)。

また5章で詳しく述べるように、日本からの使節が停泊する、朝鮮半島南岸(慶尚道)の三浦《さんぽ》、すなわち薺浦《チェポ》(乃而浦《ネイポ》)・富山浦《プサンポ》(釜山《プサン》)・塩浦《ヨンポ》に居留する人々(恒居倭《こうきょわ》)が生まれ、その中には朝鮮社会に入り込み、密貿易を行う者もいた。孤草島《コチョド》などの漁場に出漁し、時には掠奪行為をはたらく者もいた。こうして対馬島民をはじめとする多くの「倭人」(朝鮮側の表現)が、朝鮮半島や周辺海域で活動をしていた。

このような「倭人」たち(倭寇や、恒居倭など)を、村井章介氏は、マージナルマン、または境界人とよんでいる[村井 一九九三・二〇〇六・二〇一〇]。日朝の境界を活動の場とし、国家や民族という枠をまたぎ、日本と朝鮮という二つの世界を自由に往来する人々であった。

二　宗氏と高麗・朝鮮王朝の交渉

(1) 宗氏と高麗の交渉

このように隆盛した前期倭寇の禁圧を日本に求めるために、高麗朝は、一三六六年、日本に対し使節金竜《キムリヨ》や金逸《キムイル》らを派遣し、室町幕府(将軍足利義詮)との交渉を行った。一三六八年正月、天竜寺の僧侶梵盪《ぼんとう》・梵鏐《ぼんりゆう》二人を伴って、金逸らは帰国したが、この交渉を機に武家による外交が成立することになる。その一方、高麗朝は、倭寇禁圧に積極的な九州探題今川了俊や大内義弘という地域権力とも交渉している。

高麗と交渉した地域権力の中に、宗氏がいる。金逸らが帰国した一三六八年の七月、宗宗慶《そうけい》(宗慶は、経茂《つねしげ》の法名)は使節を高麗に派遣して、米一千石《せき》を支給されている(『高麗史』恭愍王一七年七月乙亥、己卯、一一月丙午条、『高麗史節要』恭愍王一七年七月、一一月条)。第3章で言及するように、高麗に渡る商船に対して高麗公事を徴収している。

(2) 日本と朝鮮王朝の関係

一三九二年、李成桂《イソンゲ》が朝鮮王朝を建国する。朝鮮王朝は、倭寇禁圧の一環として、室町幕府の使節(日本国王たる足利氏の使節)や、九州探題・守護大名らの地域権力の使節とも交渉し、さらには商人やもと倭寇であった人々をも受け入れた。多元的な日朝関係の成立である。朝鮮側は、使節を使送倭人《そうわじん》とよんでいる。朝鮮側の使節は、朝鮮国王が派遣した使節(名義は、通信使・回礼使など)のみである。

中国を中心とした国際関係においては、「人臣に外交無し」というのが原則であり、日明関係は、明の皇帝と日本国王(足利氏)という一元的な関係である。それに対して日朝関係は、倭寇禁圧を求める朝鮮王朝の意向により、当初から複数の派遣主が朝鮮側に受け入れられたことが、大きな特徴である。

使節には、国王への贈答や進上のほか、公貿易・私貿易が認められていた。そのため船団には商人が含まれており、多様な階層が朝鮮を訪れた。一四五五年には、「是歳、日本国諸処使送倭人六千一百十六」と、朝鮮側は記録している(『世祖実録』元年一二月己酉条)。

朝鮮王朝から官職を授与された職人も多数存在した。朝鮮国王(国王の「教旨」)や兵曹(軍事を担当する官庁)から告身《こくしん》とよばれる辞令書が与えられている。辞令書の原本としては、対馬市美津島町尾崎《おさき》の早田《そうだ》和文氏蔵の三通(長崎県立対馬歴史民俗資料館寄託)、対馬市上県《かみあがた》町伊奈《いな》の小野新一郎氏蔵の二通、対馬市上県町志多留《したる》の武田家幸氏蔵の二通、韓国国史編纂委員会蔵の三通の所在が確認されている［長崎県立対馬歴史民俗資料館　一九九七］。左の写真は、早田和文氏蔵の一通で、成化一八年（明の年号、一四八二）に皮古三甫羅（彦三郎）が、宣略将軍・虎賁衛・副将軍の官職（武官）を朝鮮国王成宗《ソンジョン》から授けられたものである。

もっとも派遣主は、無制限に容認されたわけではない。派遣主のうち領主層（地域権力）の顔ぶれをみると、倭寇禁圧が可能な実力者が多い。博多に拠点をもつ九州探題（今川了俊や渋川氏）、大内氏、大友氏、少弐氏、宗氏や、志佐《しさ》氏ら壱岐島の領主、島津氏・伊集院《いじゅういん》氏ら南九州の有力者である。さらに朝鮮側の主導で、通交を統制する制度が整備された。朝鮮王朝が通交者として認定した者の一部に、図書《としょ》という銅製の私印を与えたのである。図書が与えられた者を受図書人《じゅとしょにん》と呼ぶ。図書には、通交者の実名が刻ん

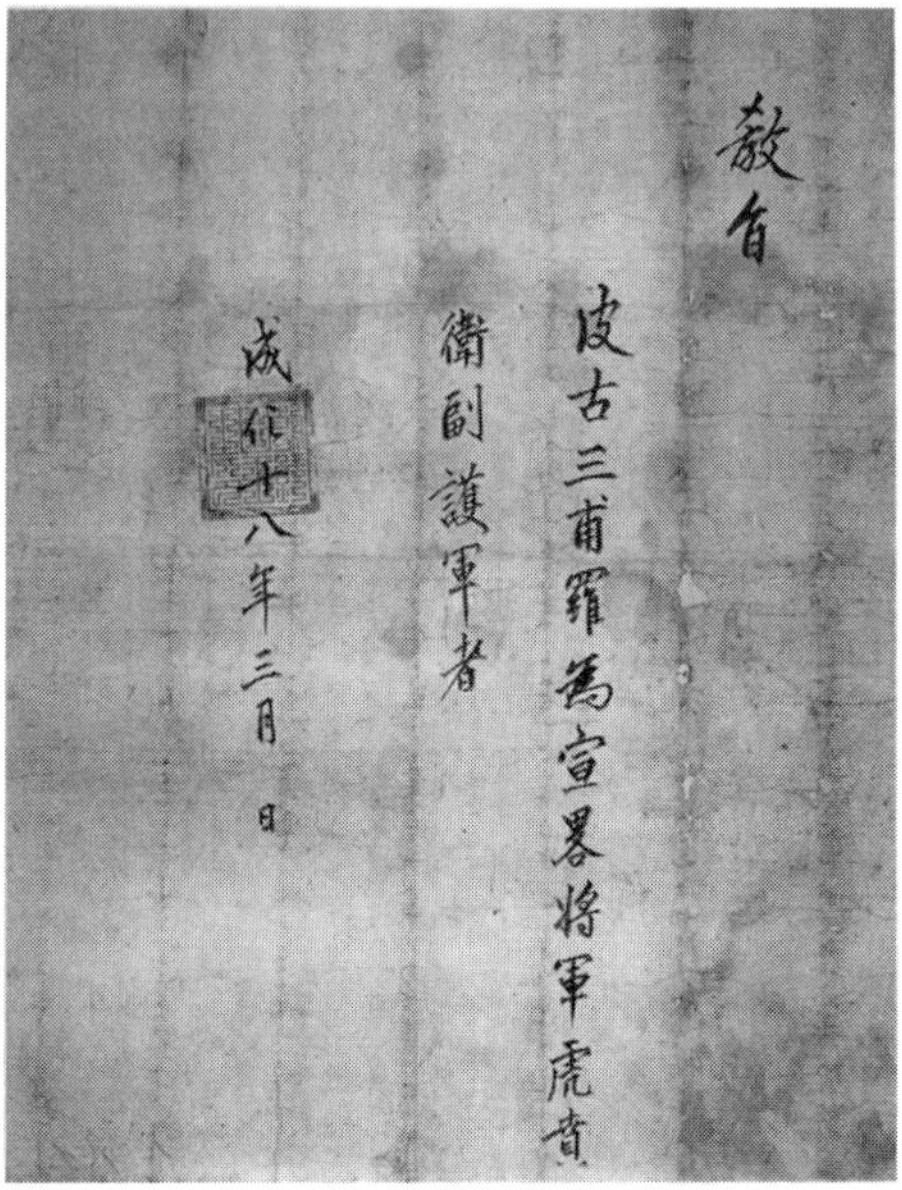

成化 18 年の告身〈複製〉（国立歴史民俗博物館蔵）

であり、通交の際所持する外交文書（書契《しょけい》）に捺させ、通交の証とした。一五世紀半ば頃、朝鮮王朝は、日本の通交者が年間に派遣する船数も規定し、受図書人らの一年間に派遣する船（歳遣船《さいけんせん》）の数を一船、一・二船などと制限するようになる（歳遣船定約《さいけんせんていやく》）。

(3) 宗貞茂・宗貞盛と日朝関係

ここで、対馬の宗氏と朝鮮王朝との交渉をみておこう。前章で述べた宗貞茂と、その子の貞盛の時代に、朝鮮王朝との密接な外交関係を作り上げている。

宗貞茂は、応永六年（一三九九）七月から二五年三月（朝鮮国王は定宗《チョンジョン》・太宗《テジョン》）までの間に、朝鮮王朝へ八二回通交し、倭寇の禁圧にも努力している。また朝鮮通交を通じて経典・梵鐘を施入した。同二五年三月、貞茂が病床に臥すと、その報は朝鮮王朝に伝わり、薬材・焼酒が与えられた。やがて没すると、同年四月、朝鮮国王太宗は弔問の使節として李芸《イイェ》を遣し、倭寇禁圧の功績をたたえ、米・豆・紙を贈っている。貞茂の死は、倭寇の活動を活発にさせる要因になり、応永二六年、前国王太宗の朝鮮軍が倭寇の巣窟として対馬を攻撃した応永の外寇（朝鮮では、己亥東征《きがいとうせい》。本書「おわりに」を参照のこと）をひきおこすことになる。

宗貞茂の子の貞盛は、応永の外寇時、対馬守護・島主であり、応永三三年、貞盛は朝鮮王朝に対し、日本から朝鮮に渡航する使節には対馬島主宗氏が文引《ぶんいん》という渡航証明書を発行する制度を提案し、永享八年(一四三六)に文引制が確立する。また同年、朝鮮王朝(国王は世宗《セジョン》)の要請に応えて、朝鮮の三浦に許可なく居住する人々(朝鮮側は恒居倭とよぶ。大半が対馬島民)の対馬への送還を実行したが、その代わりに貞盛管下の六〇人の居住を朝鮮側に公認させた(第5章参照)。嘉吉元年(一四四一)、貞盛は、朝鮮王朝との間に孤草島《コチョド》釣魚禁約《ちょうぎょきんやく》を結び、孤草島に出漁する対馬漁民に文引を与える権限を得て、彼らを統制下に置こうとした。長節子氏は、孤草島を現在の全羅南道の巨文島《コムンド》に比定している[長 二〇〇二a]。同三年には、朝鮮側からの提案で、対馬島主が一年間に派遣する船(歳遣船)を五〇隻と、緊急の情報伝達には、歳遣船と別個に特送船を派遣することを認め、島主に対して歳賜米・豆(一年間に支給される米・豆)を二〇〇石《せき》とする癸亥約条《きがいやくじょう》を結んでいる。

こうして対馬島主宗氏により、対馬と朝鮮との貿易は管理されることになり、約条の規定に基づいた使節とともに、後にみるような偽使を派遣する体制を確立させることになる。

対馬島内における貿易の拠点や貿易商人について、荒木和憲氏は、次のように指摘している[荒木 二〇〇七]。「倭寇」の群集地域である浅《あ》茅湾《そうわん》岸地域が一四世紀後半から一五世紀初頭にかけて経済的ピークをむかえる。浅茅湾岸地域は、「倭寇」としての性格をもちつづけていた自立貿易型商人の拠点であった。その代表が、早田左衛門大郎をはじめとする早田氏であり、船越《ふなこし》(対馬市美津島町小船越)・土寄《つちより》(対馬市美津島町尾崎の土寄)を拠点としていた。一五世紀半ばには、北部・中部地域の佐賀経済圏が経済成長をとげ、その優位性を一六世紀末まで持続したという。

また荒木氏は、『朝鮮送使国次之書契覚《ちょうせんそさくになみのしょけいおぼえ》』の分析により、一六世紀末には、島内の各浦に貿易商人がいたことを明らかにしている［荒木 二〇〇七］。貿易商人は、対馬北部東西海岸（豊崎郡・佐護郡・伊奈郡）、中部東岸地域（三根郡）、南部東海岸の府中（与良郡）に集中していた。北部・中部の商人は、地域の地侍（在地被官）という性格をもっていた。

応永の外寇（己亥東征）の直前、朝鮮王朝は、朝鮮領内に居留していた対馬島民を拘留した。また戦闘過程で、朝鮮側は、対馬島民らを捕虜にしている。戦後、日本側はこうした捕虜になった倭人の送還交渉を行った［関 二〇〇二］。その中には、対馬の諸浦の人名が具体的にわかる場合がある。たとえば、対馬東海岸では、舟越、西泊、志高《したか》浦（対馬市峰町志多浦）、坂（対馬市峰町佐賀）、浅茅湾西部では土依《つちより》（対馬市美津島町尾崎の土寄）、伽羅洲《からす》（対馬市豊玉町唐洲《からす》）がみえる。佐伯弘次氏は、「こうした浦々の民衆や僧侶たちが、女性も含めて朝鮮に渡海し貿易などを行って」おり、彼らは「興利倭人と呼ばれた貿易人に連なる人びとであろう」と評価している［佐伯 二〇〇八：一一頁］。

三　偽使

(1) 偽使とは何か

偽使《ぎし》とは、名義人と実際の派遣者が異なる使節であり、朝鮮王朝との交渉が進む中で生まれてくる。伊藤幸司氏の定義によれば、「第三者が、貿易利潤を獲得するために、ある人間（実在しなくてもよい）の名義を騙ることで外国に通交した偽りの外交使節」が偽使であるという〔伊藤 二〇〇五：一〇八頁、橋本 二〇〇五：九頁も参照〕。

偽使の早い事例は、一四世紀後半、明皇帝あての「日本国王良懐」（懐良親王《かねよししんのう》）の偽使だが、一五〜一六世紀の日朝関係において数多くの偽使が登場する。

たとえば、琉球王国（琉球国中山王）の場合、一四世紀末以降、高麗・朝鮮王朝に使節を派遣しているが、一五世紀前半になると、琉球使節の大部分は博多・対馬の商人らによる請負に変わっていた。一四七〇年代になると、博多商人らが独自に派遣した、いわゆる偽使となった。その原因は、一四七〇年のクーデタによって、琉球王朝は第一尚氏《しょうし》から第二尚氏に交代したことにあり、クーデタ以後の琉球使節は、第二尚氏の意向とは無関係に派遣された使節だったのである〔田中 一九七五、橋本 二〇〇五〕。

明や朝鮮王朝への外交使節の派遣にあたっては、足利将軍や大内氏などの派遣者が主体となって、次のように準備していたことが想定される。派遣者とつながりの深い五山僧らが外交文書（国書や書契など）を作成し、派遣者が外交使節を選定する。外交使節の正使・副使は主に禅僧であった。明皇帝や朝鮮国王あての進上品などの輸出品を商人に用意させ、また船と船員を準備して、船に同乗する商人を集める。ところが、請負（名義借り）や偽使は、こうした準備を派遣者とは別に進めることが可能であった。

(2) 博多・対馬商人らによる請負

琉球使節の事例を踏まえて考えると、偽使派遣勢力として、まず想定されるのは、博多の商人や禅僧らであろう。朝鮮王朝に対して派遣された使節には、朝鮮国王もしくは礼曹《れいそう》(外交・儀礼を担当)あての外交文書が必要である。それは、高度な水準の漢文で書かなければならない。室町幕府が五山僧らに担当させたように、学識のある禅僧が執筆を担うことが多く、使節も禅僧がつとめることが多かった。博多には、栄西《ようさい》以来の博多禅の伝統がある。また朝鮮国王に対する進上品や公貿易・私貿易のための商品も必要であるが、そうした物資の集散地が博多である。主に琉球からもたらされる胡椒・蘇木のような東南アジア産の商品も集まっていた。朝鮮に使節を派遣しようとする領主ら(派遣主)は、主に博多商人から商品を購入したものと推測される。博多は、一一世紀末には中国人海商の拠点である博多唐房が形成され、住蕃貿易が行われた。高麗との交渉も経験しており、外交・貿易に関するさまざまなノウハウが蓄積されている[大庭他編 二〇〇八、大庭 二〇〇九]。

したがって、九州各地の派遣主の中には、博多の商人に使節の派遣を請け負わせた者がいた可能性がある。あるいは、博多商人の立場からすれば、派遣主の名義を借りて、実質的に経営を担うことも考えられる。その結果、博多商人が、派遣主の意思とは無関係に独自に使節を派遣するようになり、偽使が生まれたのではなかろうか。伊藤幸司氏は、一五世紀前半において博多商人が、大友氏や室町幕府と連携しつつ、その一方で偽使を派遣していたことを、明らかにしている［伊藤 二〇〇五］。

また対馬の有力者が仲介して、朝鮮通交を行った事例がある［関 二〇〇二］。一四二五年、日本海（韓国では東海）の西にある于山・茂陵島（武陵島。鬱陵島《ウルルンド》を指す）に向かっていた朝鮮船は、つむじ風のため難破してしまった。乗員四六人のうち三六人が没し、生存した一〇名が石見国長浜（島根県浜田市）に漂着した。長浜の領主である周布兼仲《すふかねなか》は彼らを保護し、一月ほど石見国に滞在させた後、朝鮮人は対馬島に護送されて一か月間滞在する。彼らは、対馬で「都万戸《とばんこ》左衛門大郎」、すなわち、かつて倭寇の頭目であった早田左衛門大郎に会い、この左衛門大郎の計らいで朝鮮に送還されている。

送還にあたって、周布兼仲は、朝鮮王朝の礼曹あての書（書契）を作成した。その内容は、今年九月に朝鮮人一〇名が漂流して長浜に漂着したことと、船を用意して護送し、対馬島都万戸（早田左衛門大郎）に頼んで護送させたことを告げている。そして進上品として環刀二柄、丹木百斤、朱紅四面、盤二十、胡椒十斤を添えている。このことから見て、この書契は早田左衛門大郎が作成し、進上品も彼が用意したものと推測される。

早田左衛門大郎は、博多でみたような外交・貿易の請負人であったといえる。進上品のうち丹木や胡椒は、東南アジア産の物資で博多を経由して対馬で入手したものと考えられ、盤は中国陶磁の可能性がある。また左衛門大郎も礼曹に書(書契)を送り、周布兼仲は、小人(左衛門大郎)が貴国(朝鮮)と交通していることを知り、漂着した一〇人を送還するために、護送の依頼があったことを伝えている(『世宗実録』七年一二月癸巳条)。

(3) 対馬・博多の偽使派遣体制

一五世紀前半、対馬においては、島主宗貞盛のもとで朝鮮通交権益の掌握がすすめられ、それを家臣に給付することで、島内の支配基盤を固めつつあった。荒木和憲氏の研究によれば、その経過を次のように説明できる。

一四四三年に対馬島主宗貞盛と朝鮮王朝との間に結ばれた癸亥約条により、島主歳遣船制度が導入され、家臣団に給付すべき通交権益が数的に制約されたことで、宗氏権力の求心力が低下する危険性が生じた。そのため宗氏は、文引制度のもとで、癸亥約条に基づく島主名義の歳遣船、島内諸氏の名義の歳遣船、偽使の三つを、宗氏が管理する体制を整備する。一四五〇年代からは、宗成職《しげもと》が、偽使通交権益をふくむ通交権益の集積・分配に着手した。島内諸氏の名義通交権(図書・歳遣船定約や官職)は、朝鮮に対し、諸氏が朝鮮王朝に対し各々が求めていた「自請」から、諸氏の通交権を島主が一括して申請する「島主請」に変化した。

このことは、宗氏権力が通交権の入手経路を独占していたことを意味し、宗氏権力は通交管理体制によって、島内諸氏名義の通交権をいったん通交名義人本人から切り離した(脱権益化)うえで、あらためてその通交権益を通交名義人(受図書人、受職人)に給付していた。そして一四六〇年代にはさまざまな名義の通交権を管理する体制が完成したと、荒木氏は評価している[荒木 二〇〇七]。

このように島内の諸氏に与えるべき朝鮮権益の一つとして、対馬側が偽使を活用していたものとみられる。そのため、長節子氏が指摘したように、一四五〇年代、宗成職は、深処倭《しんしょわ》(九州などの倭人)名義の朝鮮通交権の入手を試みている[長 二〇〇二a]。

応仁の乱の前後の時期には、王城大臣使とよばれる、在京有力守護を名乗る使節が頻繁に朝鮮に渡航している。一四五五年の「管提(管領)畠山殿」の使節を皮切りに、応仁の乱による政治的混乱を利用して、一四七〇年以降、山名氏・京極氏・斯波氏・伊勢氏らをなのる偽使が、朝鮮に渡った[橋本 二〇〇五]。

また一四六六年に朝鮮国王世祖におきた奇瑞に関連して、多数の使節が朝鮮王朝に派遣されるという朝鮮遣使ブームが起きた[高橋 一九八二・一九八七b]。長節子氏は、その大半は対馬による偽使とみなしている[長 二〇〇二b]。

橋本雄氏は、博多商人単独もしくは対馬単独で偽使が仕立てられる場合とは別に、博多商人・禅僧と対馬宗氏による連携によって偽使が派遣されていく(このケースが主流となる)と想定している。

その連携の契機は、対馬島主宗貞国の博多出兵(一四六九年後半〜一四七一年初頭)にあるとしている[橋本 二〇〇五]。対馬側からみて、朝鮮王朝に対する進上品や、公貿易・私貿易のための商品を入手する場は博多であること、またすでに外交のノウハウをもっている禅僧が博多にいることからみて、橋本氏の想定は可能性が高い。

一六世紀、三浦の乱(一五一〇年)などの倭乱が頻発し、朝鮮王朝は通交規制を強化していった。壬申約条《じんしんやくじょう》(一五一二年)では、対馬島主の歳遣船は五〇隻から二五隻に半減され、特送船は廃止された。一五二三年(中宗一八、大永三)に歳遣船は三〇隻に復活するも、甲辰蛇梁《こうしんサリヤン》の倭変(一五四四年)後の、丁未《ていび》約条(一五四七年)では対馬島主歳遣船は再び二五隻となった。乙卯達梁《いつぼうタルリャン》の倭変(一五五五年)後の丁巳《ていし》約条(一五五七年)には、対馬島主歳遣船は五隻増加され、計三〇隻となった。

このような通交規制に対して、宗氏は、大規模な貿易が可能な日本国王使を頻繁に派遣した。三浦の乱以後の日本国王使は、ほとんどが宗氏によって仕立てられた偽使である。元来、室町幕府という国家の使節である日本国王使が、地域権力である宗氏(それに博多商人らが協力)によって派遣されるという事態が、恒常化していた。朝鮮側の歓心を得るために、宗氏は、対馬島内に漂着した朝鮮人を積極的に送還し、海賊情報を朝鮮王朝に伝えた[佐伯 一九九七、米谷 一九九七b、関 二〇〇二]。一五六三年(明宗一八、永禄六)には一〇名、一五六七年(明宗二二、永禄一〇)には一二名の深処倭(九州の倭人ら)の図書の復旧に成功することになる。しかし、その図書の名義人は、対馬によって作りだされた偽りの名義人であった。このように偽の名義人の図書を獲得したり、あるいは図書そのものを偽造するなどして、対馬は通交権益を増加させていき、その権益は家臣に分配された［米谷一九九七a］。宗家旧蔵資料（九州国立博物館蔵）の中には、足利将軍印である「徳有鄰《とくゆうりん》」印が四個、大内氏割符である通信使が二個、朝鮮国王印である「為政以徳《いせいいとく》」印が一個あり、いずれも偽造された木印である。その他、朝鮮王朝から与えられた銅製の図書が二三個ある［田代・米谷一九九五］。

(4) 偽使研究の課題

このように偽使に関する研究は急速に進展しているが、問題点や今後の課題について、日本と韓国の研究状況に即して指摘しておきたい。

日本の研究状況に関して、二点をあげておく。第一に、個別の使節の真偽判定の困難さである。この点は、最近、須田牧子氏が指摘している［須田二〇一一：二七〜二八頁］が、筆者なりに述べておこう。

近年の研究は、個々の使節の真偽判定に重点をおき、橋本雄氏や伊藤幸司氏による偽使の判定基準や類型化の提起に至る［橋本二〇〇五、伊藤二〇〇五］。対象とする『朝鮮王朝実録』の通交記事は、おおむね「某、人を遣わし、土宜（土物）を献ず」という短いものが大半であり、この記事だけからは偽使という結論を導き出すことはできない。そのため真偽の判定に関わり、通交者に関する日本史料の発掘が進み、該当する派遣者が実在するかどうかという点を含めて、活発な議論がなされるようになった。その点は、大きな成果だといえるが、ともすれば真使か偽使かの二者択一の議論に留まるケースが多いように思われる。名義人と実際の派遣主体との関係は、請負のケースを含めて、さまざまなケースが想定できるのではないだろうか。一五世紀後半以降、対馬・博多の人々による偽使が全般的な傾向であったとはいえても、それが個別のケースに常にあてはまるとは限らない。

第二に、偽使の果たした役割、特に物流に関して検討することである。該当する使節が、名義人とは異なる主体から派遣されたとしても、朝鮮に実際に渡って貿易をしている。対馬の人々による偽使だとすれば、彼らによって島内または島外に物資が運ばれ、流通している。そのような朝鮮物資の流通経路の解明という点から、偽使を考察する必要があろう。この点に関して、すでに橋本雄氏が、「室町期日本社会における朝鮮物資の流入を一手に引き受けていたのは、偽使派遣勢力とほぼ重なる対馬—博多地域の人びとであったことになる」［橋本 二〇〇五：六三頁］と述べており、この指摘を具体化させていくことにつながる。

次に韓国の偽使研究について、『倭寇・偽使問題と韓日関係』という論集に収められた諸論考を中心にみておこう［韓日関係史研究論文集編集委員会 二〇〇五、韓 二〇一〇］。注目されるのは、朝鮮王朝の偽使への対応を論じていることである。

たとえば、韓文鍾氏は次のような指摘をしている［韓 二〇〇五ａｂ］。朝鮮政府が「偽使」を強く取締まることをせず曖昧にした理由は、遠くから来た使節を冷遇できないという名分論と、倭寇の再発を未然に防ぐためであった。そして朝鮮では、通交倭人が持参した書契・図書・文引と進上・回賜の外交儀礼が満たされれば、彼らの真偽は問わなかったという。これらの指摘は、日本の偽使研究では十分に論じられていない点であり、妥当なものと考える。なお、韓氏は「偽使」ではなく、「通交違反者」という用語が適切だとしている。

また申東珪氏は、日本の偽使についての概念は、東アジア国際秩序内での朝鮮の立場を全く考慮しないものであるとして修正すべきだとし、偽使を「名義詐称、架空人物、書契偽造を含め朝鮮の渡航許可の形式を持参していない使節」と暫定的に定義している〔申二〇〇五〕。日本の偽使研究が、朝鮮の立場を十分に論じていなかったことは確かだが、それは日本から朝鮮王朝に派遣された使節の実態の追求に眼目があったためだ（その点では、日本史の議論）といえ、そのこと自体については大きな成果があったというべきだろう。日本の研究者による偽使の定義自体を大きく修正すべきだとは思わない。

以上、中世の対馬と朝鮮との交流について、倭寇として活動した対馬島民や、家臣・島民を統制しつつ高麗・朝鮮王朝と交渉した宗氏について概観した。また宗氏らが派遣した偽使について、派遣の実態や、研究上の課題などについて述べてきた。

3章以降では、対馬島民らの生業や朝鮮との交流について、さらに詳しく考察していくことにしていきたい。1・2章では、主として文献史料から説明してきたが、朝鮮との交流の具体像を描く上で、対馬にどのようなモノが搬入されてきたのかをみていく必要がある。3章では考古学や美術史の成果を踏まえながら、対馬における物流について論じていくことにしたい。

第3章　モノが語る倭寇の活動

はじめに

対馬は、朝鮮半島との交流の拠点であり、日本列島内外に運ばれる物資の中継点であると同時に、島内にもそうした物資の一部が流入している。中世の対馬では、朝鮮産のものだけではなく、九州や中国・東南アジアの物資も多いが、これらの地域との交流は十分に検討されてきたとは言い難い［佐伯二〇〇四］。

近年、対馬でも中世遺跡の発掘事例が積み重ねられ、対馬に搬入される物資の特徴が明らかになりつつある。3章では、最近の考古学の成果や伝世品を紹介した上で、どのような経緯で物資が搬入されるのかという点を中心に、中世（特に一三〜一五世紀）の対馬における物流と倭寇の活動エリアについて、文献史料から考察を進めてみたい。いくつかの流入ルートを示した上で、特に興利倭船の実態や、朝鮮米の配分に関する私見も提示したい。

一　伝世品からみた朝鮮との交流

まず、対馬島内の伝世品からみておこう。一九七二・七三年、九州大学美学美術史研究室を中心に、「大陸美術の受容―中世の北部九州を中心として―」というテーマで、対馬の文化財調査が行われた。その成果は、『仏教芸術』第九五号に「対馬・壱岐の美術特集」として発表されており、朝鮮系彫刻・木造彫刻・絵画・金工品・陶磁器や経典と文書などに関する諸論考が収められている〔仏教芸術学会 一九七四、他に長崎県立対馬歴史民俗資料館 一九九七も参照〕。

朝鮮系仏像で最古とみられるのが、対馬市厳原町樫根《かしね》の法清寺にある銅造菩薩形立像（総高一七・九センチ）であり、三国時代百済系（七世紀）のものとされる。対馬市峰町木坂の海神神社には、統一新羅時代（八世紀）の銅造如来形立像（総高三八・三センチ）がある。朝鮮系仏像の中でも、一〇世紀から一四世紀の高麗時代のものがもっとも多く、対馬市厳原町久根浜《くねはま》の大興寺の本尊である銅造釈迦如来像（総高七八・一センチ）は高麗中期（一二～一三世紀）のものとされる。対馬市峰町佐賀《さか》の円通寺にある銅造薬師如来坐像（像高五七・四センチ）や、対馬市厳原町国分《こくぶ》の西山寺にある銅造大日如来像（像高五一・〇センチ）も高麗時代中期頃のものである。

対馬市豊玉町小綱《こつな》の銅像観音菩薩坐像（像高五〇・五センチ）の胎内からは、昭和二六年（一九五一）に納入された結縁文が発見されている。そこには、天暦三年（一三三〇）二月に「高麗国瑞州地浮石寺」において、戒真ら三二人の発願によって造立されていたことが記されている。高麗末には忠清道《チュンチョンド》に瑞州《セオジュ》牧が置かれ、『新増東国輿地勝覧《しんぞうとうごくよちしょうらん》』巻一九には、忠清道瑞山《セオサン》郡として立項されている。

陶磁器をみると、対馬市厳原町豆酘《つつ》の多久頭魂《たくつたま》神社には元代（一四世紀前半）の青磁貼牡丹唐草文大花瓶（龍泉窯）、対馬市峰町木坂《きさか》の海神神社には高麗時代（一二世紀）の青磁象嵌蒲柳文梅瓶や青磁彫刻鳳凰形水柱、朝鮮王朝時代（一五世紀）の粉青沙器象嵌縄簾《のれん》文瓶などが所蔵されている。

経典では、対馬市上対馬町琴《きん》の長松寺には高麗版大般若経がある。高麗は、二度にわたり、大蔵経を彫板・印刷している。契丹の侵攻に対して、高麗の国王顕宗《ヒョンジョン》は一〇一一年に大蔵経の雕造《ちょうぞう》を命じ、宣宗《ソンジョン》の一〇八七年に完成した。この大蔵経を初雕本という。本経典は初雕の版木によって印刷されたものであり、現在は長崎県立対馬歴史民俗資料館に寄託されている。奥書に「朝鮮国」より伝来したことが記されている。

対馬市厳原町豆酘の多久頭魂神社や金剛院には、再雕本の高麗版大般若経が伝わっている。一二三二年、高麗（国王は高宗《コジョン》）はモンゴルの侵攻を受けたため、慶尚道《キョンサンド》大邱《テグ》の符仁寺《プインサ》に所蔵されていた板木は焼失してしまった。崔《チェ》氏政権（武人政権）は、モンゴルの退散を祈念して、大蔵経の復刻を図り、一二三六年に着手して、一二五一年に完成した。板木は八万一〇〇〇余枚に及び、現在は慶尚南道陜川《ハプチョン》郡伽耶山《カヤサン》海印寺《ヘインサ》に存し、国宝に指定されている。

さらに注目しておきたいのは、和歌山県の高野山の一切経である。この一切経は、慶長四年（一五九九）に石田三成が母の菩提のために寄進したものであり、高麗において、一三八一年に印刷された重印本であった。朝鮮から対馬に将来され、宝徳元年（一四四九）一一月四日に対馬守護の「平朝臣宗刑部少輔貞盛」とその子の「平朝臣宗彦六成職」が、「八幡宮」に寄進した。山本信吉氏は、この「八幡宮」を、対馬市厳原町の国府八幡宮（厳原八幡宮、和多都都神社）に推定している［山本 一九七四：九七頁］。

この一切経（大蔵経）は、次のような経緯で対馬にもたらされたのではないだろうか。

一四四九年八月一九日、朝鮮の漢城《ハンソン》（ソウル）において、宗貞盛の使者である僧道誾《どうぎん》は、朝鮮国王世宗に対して環刀と猿を献じ、大蔵経（一切経）と白犬・白鶴を求めている。世宗はその請願を許し、正布（綿布）一八匹と、貞盛が求めた大蔵経一部と白犬・白鶴を各一隻、特に米・豆各百石を与えている。道誾は九月四日に漢城を出発し（『世宗実録』三一年八月丙寅条、九月辛巳条）、九月中に対馬に戻り、大蔵経も対馬にもたらしたものと思われる。そして一一月四日に、国府八幡宮に寄進したのではなかろうか［佐伯 一九九〇：二七四頁］。

元版の経典も対馬に伝わっており、対馬市上対馬町西泊《にしどまり》の西福寺には、杭州の南山大普寧寺で印刷された元版大般若経が伝わっていた。これは高麗の泰定三年（一三二六）に、門下省の官僚であった趙璉《チョリョン》が普寧寺に注文して印刷させたものである。対馬への伝来事情は不明だが、各巻末に「檀越宗刑部〈少輔〉貞茂／勧進僧宗益／住持毘丘慶珣〈安置之〉」とある。慶珣は、西福寺の住持で、応永二六年（一四一九）の応永の外寇（己亥東征）の直前、朝鮮で抑留され、その後対馬に送還された人物である［佐伯 一九九〇：二六〇～二六一頁］。対馬市豊玉町仁位の東泉寺には、元の弘法寺版とみられる華厳経が確認されている［村井 一九八八］。

豆酘内院の宝篋印塔

また注目されるのは、畿内と同じような形式の石塔がみられることである。対馬市峰町佐賀《さか》の円通寺には、宝篋印塔が一六基、同寺の周辺には四基ある。対馬市厳原町豆酘《つつ》内院《ないいん》の久保小路とよばれた谷の中にある八幡宮（現在は、奈伊良神社）に、南北朝期頃（一四世紀）の京都風の様式をもつ宝篋印塔がある。対馬に産しない花崗岩で造られ、総高二・四メートルのいわゆる八尺塔で、畿内の形式をもつと推定される。この地は、天童信仰の象徴である天道童子の生誕の地とされ、この宝篋印塔は、天童の母公の大石塔と伝えられている。この東側に、応安七年(一三七四)銘を含む地輪二点のほか、水輪一三点・火輪一二点、風輪・空輪一三点が確認され、そのうち三二点は安山岩質凝灰岩、ほかは花崗岩という。地輪には、寿徳禅尼と記されている[平凡社地方史料センター 二〇〇二]。

近年、福井県高浜町日引《ひびき》で産出される花崗岩(日引石)を使った「日引石塔」の分布を調査している大石一久氏によれば、対馬島内には四六ヶ所、約一一〇基分の石塔類が確認できるという。大石氏は、対馬の石造物の大部分(約八割)は中央形式塔であり、前期(一四世紀後半〜一五世紀前半)の九一基は、突然出現し、しかもすべて中央形式塔であるとしている[大石 二〇〇七]。

二　朝鮮鐘

対馬の梵鐘は、和鐘・朝鮮鐘・日朝混淆鐘の三種類が伝えられている。

和鐘の竜頭《りゅうず》が双竜頭で構成されているのに対し、朝鮮鐘の竜頭は単頭であって、その頸を半環状にまげて懸吊の役目をし、かつその両前肢を備えているのが通例である。また竜頭の背後に密着して、旗挿しまたは甬《よう》という円筒状のものを立てている[坪井 一九七四]。

朝鮮鐘が日本に将来された時期を考える上で、日本に渡来した後の追銘が手がかりになる。坪井良平氏は、追銘を持つ朝鮮鐘を一七例提示している。鐘の所在地と第一次追銘の年代は、表1の通りである（地名表記は、同書のまま）。各々の鋳造の時代を掲げ、紀年銘のあるものは（　）内に西暦を示した。

表1　追銘を持つ朝鮮鐘一覧

山口県光市三井賀茂神社	貞治六年（一三六七）	高麗前期
長州路豊西村万寿寺（今亡）のちに山口県長門市湯本の大寧寺へ	応安五年（一三七二）	高麗前期
島根県安来市雲樹寺	応安七年（一三七四）	新羅
肥前東松浦郡鏡村勝楽寺（今亡）	応安七年（一三七四）	高麗前期（一〇二六）
相模鎌倉報恩寺（今亡）	永和元年（一三七五）	詳細不明
大阪市大淀区長柄浜通鶴満寺	永和五年（一三七九）	高麗前期（一〇三〇）
島根県大原郡加茂町（現、雲南市加茂町）光明寺	康暦元年（一三七九）	新羅
福岡県北九州市若松区小竹安養寺	康暦二年（一三八〇）	高麗前期
日向穆佐村悟性寺（今亡）	永徳元年（一三八一）	高麗後期
薩摩市来大日寺（今亡）	明徳五年（一三九四）	詳細不明
肥前平戸島観音院（今亡）	応永十年（一四〇三）	高麗前期
京都市中京区寺町六角下る長仙院	応永二一年（一四一四）	高麗後期
福岡県福岡市辻堂町承天寺	明応七年（一四九八）	高麗前期（一〇六五）
福岡県福岡市御供所町聖福寺	文亀二年（一五〇二）	高麗前期
京都市建仁寺塔頭正伝永源寺	永禄一二年（一五六九）	高麗後期

山梨県南巨摩郡身延町久遠寺	万治三年（一六六〇）	高麗前期
大阪市天王寺区上宮町正祐寺（今亡）	明治七年（一八七四）	高麗前期（一〇一九）

［坪井 一九七四：二二八頁］

このうち山口県光市の賀茂神社の鐘に貞治六年（一三六七）とあるのがもっとも古く、一四世紀後半が一〇例をしめ、その他一五世紀初期（応永年間）が二例ある。この時期は、倭寇が最も盛んな時期であることから、坪井氏は、それらの鐘の多くが倭寇の掠奪品であったとしている［坪井 一九七四：二二八〜二二九頁］。

坪井氏は、朝鮮王朝との通交関係が成立した後、正式な交渉で入手したケースも想定している。京都市長仙院・福岡市承天寺・京都市正伝永源寺の三口がそれにあたるとする［坪井 一九七四：二二九頁］。福岡市聖福寺《しょうふくじ》の鐘は、四次の追銘があり、第一次の追銘は、文亀二年（一五〇二）に筑前州志摩郡の平等寺にあったことを示している。藤田亮策氏は、大友氏またはその配下のものが朝鮮に請い求めて、大友氏が平等寺に寄進したものとする［藤田亮策 一九六三：一六二〜一六三頁］。第二〜四次の追銘によれば、この鐘の所在地は次のように移動している。天文二年（一五三三）の兵乱により平等寺から奪い取られて、周防国吉敷郡山口に渡り、同三年に山口の本国寺に懸けられた。平等寺住持の玄印の請願によって大内義隆がこれを取り戻し、天文六年に平等寺に寄付した。天正一七年（一五八九)には、小早川隆景が聖福寺へ寄進した[坪井 一九七四：一〇九～一一二頁]。

それでは、どのような領主たちが、朝鮮王朝に梵鐘を求めたのだろうか。早い事例としては、応永五年(一三九八)、足利義満が大内義弘を通じて、大蔵経や「銅鐘の巨《おお》きもの」「薬物の良きもの」を朝鮮側に求めている(『善隣国宝記』巻中)。義満にとっては、最初の朝鮮王朝との交渉である。また『朝鮮王朝実録』初期の『太宗実録』や『世宗実録』には、日本が梵鐘を朝鮮に求めた事例が散見する。それらを表2にまとめておいた。

表2　朝鮮に梵鐘を求めた使節の派遣者(『朝鮮王朝実録』による)

太宗九年(一四〇九)	大内盛見(閏四月戊辰)
太宗一二年(一四一二)	板倉満家(三月甲辰)
太宗一三年(一四一三)	渋川道鎮・吉見昌清(四月丁丑)、板倉満家(七月丙午)
太宗一四年(一四一四)	板倉満景(四月是月)、少弐満貞(六月己巳条)、道永・大内盛見(七月甲午)、宗貞茂(九月己亥)、吉見昌清、梵鐘を賜ったことを謝す(九月己亥)
太宗一五年(一四一五)	早田左衛門大郎・宗像社務顕(四月己丑)
世宗即位年(一四一八)	宗貞盛(八月壬寅)
世宗　三年(一四二一)	渋川義俊(正月戊辰)
世宗　五年(一四二三)	渋川道鎮(正月庚戌)
世宗一五年(一四三三)	宗茂直(六月丁酉、八月丙戌)

これらの例をみると、博多を拠点にして、朝鮮と通交している諸氏が多い。大内盛見をはじめ、

九州探題渋川道鎮（満頼）とその被官である板倉満家、肥前の吉見昌清、少弐満貞らである。道永は、壱岐の人で、朝鮮王朝から上万戸《じょうばんこ》の官職を授けられた受職人である。一四一四年以降、対馬の宗氏が繰り返し梵鐘を求めているのがわかる。

一四一四年には、朝鮮側の鐘の給付が遅れたため、宗貞茂の使者三四名、少弐満貞の使者三一名、壱岐州（道永）の使者二〇名、日向州の使者二〇名の計一〇五名が、蔚山《ウルサン》において暴乱を起こしている（『太宗実録』一四年八月丁未条）。一四一七年、宗貞茂は銅五百斤を朝鮮に送り、梵鐘の鋳型を造ってもらうことを求めた。太宗は、鋳型を与えることは認めたものの、今後の先例とはしないとした（『太宗実録』一七年一二月庚寅条）。これらの事例から、宗氏をはじめとする日本側がいかに朝鮮の梵鐘を求めていたかがうかがえる。

世宗朝になっても、対馬の宗貞盛や渋川道鎮などからの求めが続いているが、朝鮮側は、一四二一年以降、「年来、貴国諸鎮が求めたものはほとんど尽きてしまった」（これは大蔵経の請求を拒否する場合にもみられる理由である）として、その要求を拒否している。

このように、一五世紀初め、博多や壱岐、対馬を拠点とした領主たちは、朝鮮に使節を送った際に、しばしば梵鐘を求めていたことがわかる。

だが、世宗朝になると、朝鮮鐘は入手できなくなる。それに代わって造られたのが、和鐘と朝鮮鐘の混淆形式である。現存最古の遺例は、対馬市厳原町の旧清玄寺梵鐘（長崎県立対馬歴史民俗資料館に寄託)である。鐘身は、ほぼ朝鮮鐘の形式を踏襲しているが、竜頭だけは和様による双頭竜で、甬はない。応仁三年(一四六九)一〇月二二日付の銘文が陰刻され、「国主惟宗朝臣貞国」(宗貞国)と、「本寺」(清玄寺)の「檀越」として「惟宗朝臣信濃守盛家」と「子息職家」らの名がみえる。鋳工は、筑前国葦屋《あしや》(芦屋)の金屋大工大江貞家と、小工一五人である。これ以後、葦屋の鋳工は、日朝混淆鐘を次々に製作するようになる〔坪井 一九七四〕。このような形式の鐘の誕生は、朝鮮鐘に価値を見出すようになったこと、そしてそれが入手できなくなったことに関係があるのではなかろうか。

旧清玄寺梵鐘

三　考古資料からみた対馬の交流

近年、対馬島内の中世遺跡の調査が進められている。安楽勉・阿比留伴次両氏が、対馬における朝鮮産陶磁器を中心に概括し［安楽・阿比留 一九九四］、対馬における中世遺跡の調査の歴史や遺跡の概要については、宮﨑貴夫氏が肥前西部や壱岐とともに概観している［宮﨑 一九九八・二〇〇三］。川口洋平氏は、対馬の発掘事例として、試掘調査段階のものや、報告書が未刊行のものを含めて、次の九遺跡を紹介している［川口 二〇〇四ａ］。

中世前期（一一世紀〜一三世紀）

　馬乗石遺跡（古代〜中世前期）・大石原遺跡（中世前期）・木坂海神神社弥勒堂跡

中世後期（一四〜一六世紀）

　桜町遺跡（仁位館跡、一四〜一五世紀）・佐賀《さか》館跡（一五世紀）・水崎仮宿《みずさきかりやど》遺跡（一四世紀後半〜一五世紀前半）

近世に継続ないし、近世の遺跡

　金石城跡（厳原、一六〜一七世紀）・今屋敷遺跡（一六〜一七世紀）・桟敷原遺跡（一七世紀後半〜）

このうち、桜町遺跡は、仁位宗氏の居館跡であり、佐賀館は、応永二五年（一四一八）から文明三年

（一四七一）以前までの対馬島主宗氏（宗貞盛・宗成職、宗貞国の初年）の館である。文明三年までに佐賀から府中（厳原）に移った宗氏は、「中村館」・「池の屋形」に移った後に、金石城を城館としている。

右の遺跡から出土した遺物をみると、貿易陶磁器の圧倒的な多さと、その中でも朝鮮産陶磁器（高麗青磁や、朝鮮王朝時代の粉青沙器など）の占める割合の高さが特徴である。

木坂海神《きさかかいじん》神社弥勒堂跡には、一一世紀中頃以降とみられる青磁碗蓋が確認されている〔安楽・阿比留一九九四：三三頁〕。中世前期の陶磁器組成については、大石原遺跡で国産一六・一パーセントに対して、貿易陶磁器は八三・九パーセントとなっており、貿易陶磁器は中国産と朝鮮産が五割ずつを占めている〔川口二〇〇四a：四七頁〕。

中世後期の遺跡の一つである水崎（仮宿）遺跡についてみておこう〔美津島町教委一九九九、美津島町文化財保護協会二〇〇一、川口二〇〇四ab、佐伯二〇〇四〕。対馬は、浅茅湾《あそうわん》を挟んで上島と下島に分かれるが、下島の西側で、浅茅湾の西側の入り口部に対馬市美津島町の大字尾崎《おさき》地区がある。尾崎の最南の土寄《つちより》は、早田氏（土寄早田氏）の拠点である。早田氏は倭寇の頭目であった一族であり、朝鮮王朝との通交にも大きな役割を果たした。応永二六年（一四一九）の応永の外寇の際に、朝鮮軍はまず「豆知浦」（土寄）に上陸して、船を奪い、民家を焼いた（『世宗実録』元年六月癸巳条）。水崎・仮宿は、土寄の北側に位置し、申叔舟『海東諸国紀』の日本国紀、対馬州にみえる「敏沙只浦〈二百余戸〉」「可里也徒浦〈二百余戸〉」にあたる。

同遺跡の遺構は八層からなり、出土陶磁器から、一五世紀前後を中心とした遺跡と評価されている。このうち第Ⅳ層には、一四世紀後半〜一五世紀前半とみられる焼土層があり、応永の外寇の際の焼土である可能性が高い。

出土遺物は、粉青沙器の碗・皿・杯・鉢・瓶などの朝鮮王朝時代の陶磁器の破片が多数出土した他、龍泉窯系青磁（碗・皿・盤・小形水注・馬上杯）や白磁などの中国製陶磁器がみられる。さらにヴエトナム産の青花碗・皿、鉄絵・白磁・青磁、タイ産の鉄絵盤も含まれている。瑪瑙《めのう》製の石帯など

朝鮮陶磁（対馬市教育委員会蔵）

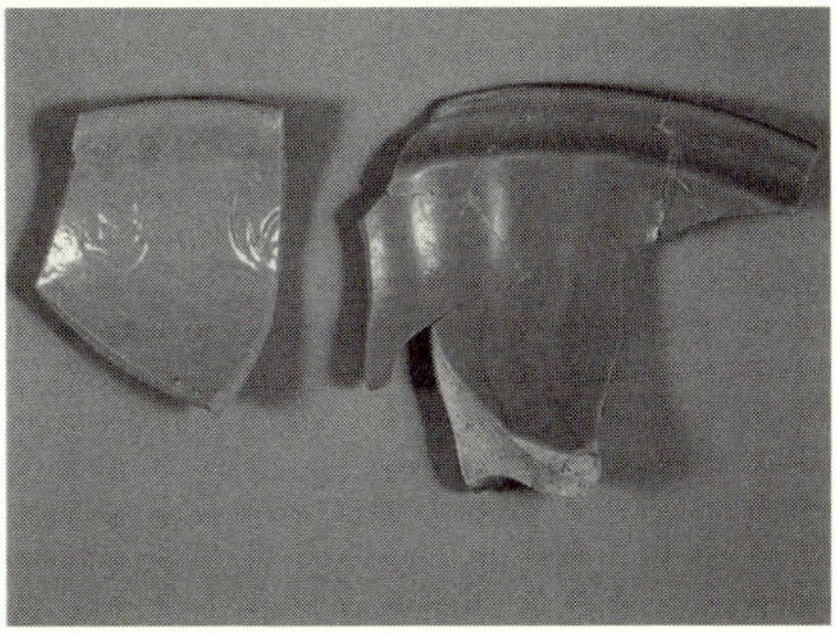

中国青磁

大元通寶

の装飾品もある。川口洋平氏は、瑪瑙製の石帯の性格と搬入経路について、①倭寇による略奪品、②朝鮮側からの支給品、③朝鮮への輸出品という三つの可能性を示している［川口 二〇〇四ａｂ］。

またパスパ文字で書かれた大元通寶も出土している。これは博多で二例確認されているのみで、日本国内では三例目にあたる。この銭をはじめとする大銭一四枚などの銭貨が確認されている。中国では一文銭以外に、一枚で二文銭（折二銭《せつじせん》）・五文銭（当五銭）・十文銭（当十銭）として通用する大銭《たいせん》が発行された。新安《シンナ》沈没船（一三二三年に元の慶元を出航後、高麗の新安沖で沈んだ）の木簡には「大銭」と書かれたものや、銭を描いたものもある。だが、日本ではほとんど大銭は流通せず、一文銭のみが使用された。周囲を削って一文銭と同じ大きさで使用された磨輪銭《まりんせん》が多くみられる。緡《さし》として使用することを優先したものであろう。だが、この大銭は、アジアとの交流の窓口である博多や南九州、琉球ではそのまま使用されている。対馬でも同様であり、貿易の決済手段として使われたものと考えられる［嶋谷 二〇〇五、国立歴史民俗博物館 二〇〇五］。

陶磁器や土器についてみると、出土破片数量に基づく輸入品と国産品の比率は、九八パーセントと二パーセントとなっている。輸入品における産地別の内訳は、中国が一九パーセント、朝鮮が六五パーセント、東南アジアは五パーセントとなっている［川口 二〇〇四ａ］。

朝鮮産陶磁器の比率が高いことは、対馬の他の遺跡とも共通するが、東南アジア産磁器がまとまって出土したことには注目される。森本朝子氏は、同遺跡のヴェトナム産陶磁器は、一四世紀中頃から一五世紀初頭のものとしている［森本 二〇〇二］。

このような朝鮮産陶磁器の多さについて、宮﨑貴夫氏は、長崎県本土では一四世紀前半から一五世紀前半にかけて、中国産磁器の出土量が落ち込む傾向にあるが、「対馬と壱岐の土器・陶磁器の様相をみると減少した中国磁器に対応し、粉青沙器を補完して供膳具として使用されていた」と推測している［宮﨑 二〇〇三：二六八頁］。

四　物流の諸ルート

以上、対馬に流入した物資の特徴を、伝世品や遺物から概観したが、これらはどのようなルートでもたらされたのだろうか。文献史料を読み解いて個々の伝世品や遺物に即して、搬入のルートを提示することはきわめて困難であるが、中世前期を中心に、いくつかの可能性を提示しておきたい。具体的には、①進奉船、②唐船・廻船、③倭寇、④南蕃船・琉球船があげられ、①②④は交易品として、③は掠奪品として対馬にもたされた。①③は2章で言及したので、ここでは②④のケースについて説明しておきたい。

(1) 唐船・廻船の来航

鎌倉時代には、対馬には、中国人海商らが経営する唐船(船体はジャンク船)や、九州などの港を廻る商船(廻船)が来航していた〔佐伯 一九九〇〕。このことは、弘安一〇年(一二八七)七月二日付の対馬守源光経《みつつね》解《げ》(『勘仲記』〔兼仲卿記〕同年七月一三日条、『鎌倉遺文』二一巻一六二八九号)によって知られる。光経は朝廷に対して三箇条にわたって訴えているが、網野善彦氏によれば、この史料は「条事定」という儀式に際して書かれた吉書で、「去んぬる仁安・治承・建仁三箇年の例に准ずるにより」とあることから、建仁からさほど年を経ていない頃の状況を示しているという〔網野 一九八六:七四・九七頁〕。

第一条で源光経は、筑前・筑後・肥前・肥後・豊前・豊後・壱岐の七カ国に対して、「当島年粮米」「正税交易貢銀直料」「防人功米」等を渡すことを要求している。

第二条では、対馬は一歩一枝の田桑がなく、魚貝・海藻をもって京庫の調庸に備えているが、他国の住人らがほしいままにこれらを取っているため、これを停止すべきことを要求している。

第三条において源光経は、大宰府の使者である府使の乱入と、守護人の国役対捍《たいかん》の停止を要求している。光経の主張を聞いてみよう。

府使が済物を徴収するという理由によって乱入することはいわれのないことである。対馬は田地がないために京都済物は数が定められていないが、廻船商人らが対馬島に着岸した際に「前分」という税を徴収して、これを済物にあてていた。ところが最近守護人が国司の処置を待たずに押領したことは不当なことである。国判を所持する以外は、これらの自由狼藉を停止し、唐船着岸時の前分を国司・守護が折半して沙汰すべきとする宣下をいただきたい。

弘安一〇年の時点では、対馬守護は大宰少弐の武藤(少弐)経資《つねすけ》がつとめていた。したがって府使の乱入と、守護人の押領は、実態としては武藤経資やその被官による一連の行為である。前分は入港税と解され［網野　一九八六：九七頁］、対馬に寄港する廻船・唐船からの入港税が、国衙・守護にとって重要な財源であったことがわかる［佐伯　一九九〇：二五二頁］。

右でみた第二・三条から、対馬には島外の人々が出入りし、魚貝・海藻をとったり、廻船や唐船を入港させている様子がうかがえる。この唐船は日宋・日元貿易船であり、対馬が日宋・日元貿易の中継地であったこともわかる［佐伯　一九九〇］。右の史料は一三世紀後半のものだが、一四世紀前半にも、日元間に寺社造営料唐船が往来している。一三世紀～一四世紀前半、これらの貿易船が対馬に入港した際には、交易が行われた可能性があり、この時に島内に中国産陶磁器が搬入された可能性が高い。

(2) 南蕃船・琉球船と博多

水崎(仮宿)遺跡の東南アジア産陶磁器に関して、南蕃(南蛮)船と琉球船に触れておきたい。一三六八年に明朝が成立すると、太祖洪武帝は、一般の中国人が海外に渡航することを禁じる海禁を打ち出した。そのため一四世紀末〜一五世紀初め、東南アジア在住の華僑を中心に、東アジア海域に貿易船を航行させた。この船を日本では南蕃船とよんだ。

対馬との関連で注目されるのは、一四〇六年八月、南蕃爪蛙(ジャワ)国使陳彦祥の船が全羅道群山島《サント》にて倭寇に襲われ、火雞・孔雀・鸚鵡・鸚哥・沈香・龍脳・胡椒・蘇木香等の薬材・蕃布が掠奪された事件である(『太宗実録』六年八月丁酉条)。同年九月に対馬島守護宗貞茂が、蘇木・胡椒・孔雀を献じているが、その使者は、南蕃船から掠奪したものだと明言している(同、六年九月壬午条)。この史料から、かつて私は、南蕃船と接触した博多や対馬などの人々が、香料を朝鮮に運ぶメリットに気づき、香料を朝鮮王朝への進上品とする契機になったのではないか、と推測した[関 一九九二]。

以上の諸点を踏まえて、森本朝子氏は、水崎(仮宿)遺跡のヴェトナム産陶磁器が一四世紀後半から一五世紀初期のものであるとした上で、この時期は未だ琉球を介した中継貿易のシステムが確立されておらず、倭寇などの勢力が東シナ海で南蕃船と接触することによって、東南アジア産の物資が搬入されたのではないかと指摘した[森本 二〇〇二]。

また宮崎貴夫氏は、一五世紀前半の朝鮮『太宗実録』『世宗実録』(特に世宗初期、一四二〇年代)

の記事から、世宗前期（三一〜九年）に、早田氏や壱岐の志佐《しさ》氏（松浦党）が南海産の物資（東南アジア産）を朝鮮王朝にもたらした事例に注目する。南海産の物資は胡椒などの香料や蘇木である。そして早田氏が関わる水崎（仮宿）遺跡と、志佐氏が居城としていた覩城《とじょう》跡の東南アジア産磁器は、世宗前期に流入した可能性が高いと指摘している［宮崎 二〇〇三］。宮崎氏は、森本氏の見解も踏まえて、早田左衛門大郎が入手した南海産物については、琉球船または南蕃船と接触して入手したものだとする［宮崎 二〇〇三］。

宮崎氏の見解をうけて、川口洋平氏は、一四二〇年代、胡椒や蘇木といった東南アジア産の物資が、対馬・壱岐・松浦などを経由して朝鮮へ輸出されるシステムが、ある程度確立していたと推測している。そして水崎（仮宿）遺跡で出土した東南アジア産陶磁を朝鮮貿易の流れの中で捉えるとすれば、一四二〇年代の東南アジア産物の輸出を実証する資料であると位置づけている［川口 二〇〇四a］。

森本氏の指摘は一四世紀後半〜一五世紀初頭、宮崎・川口氏は一四二〇年代を対象としているように、時期にずれがあるものの、現状では、川口氏が指摘するように、分析精度や資料の少なさから、遺物からいずれの時期かを見極めるのは困難であろう。

ところで琉球経由で東南アジア産の物資を入手するにしても、①対馬において琉球船と接触する場合、②対馬から直接琉球に渡る場合、③博多において東南アジア産の物資を入手する場合が考えられる。②については、一四二〇～三〇年代、早田六郎次郎が、琉球―対馬―朝鮮を結ぶルートで活躍している。③では、琉球船が博多に運んできた物資や、博多商人が琉球に渡って購入した物資などが想定される。③のケースから、琉球王国の対朝鮮使節を博多商人が委託されるか、または彼らが詐称する(偽使)事態が生まれてくる〔田中 一九七五〕。

実は一四世紀末においても、琉球は高麗へ使節を派遣していた。一三八九年二月、高麗が対馬を攻撃した(『高麗史』辛昌元年二月条・『高麗史節要』恭譲王元年二月条)ことを中山王察度《さつと》が聞いたことがきっかけである。同年、察度は、高麗に使節として玉之《ぎょくし》を派遣し、倭寇に拉致されて、琉球に転売された朝鮮人(被虜人とよばれる)を本国に送還した。その際に、本来は中国皇帝あての外交文書である「表《ひょう》」を奉じて、硫黄三百斤・蘇木六百斤・胡椒三百斤・甲二〇部を献じている(『高麗史』辛昌元年八月)。玉之はあえて対馬から慶尚道へ渡るルートを避けて、全羅道順天《スンチョン》府に到来している。さらにまた朝鮮王朝成立後まもなくの一三九二年、中山王察度が臣と称して書を奉じ、被虜朝鮮人の男女八人を送還している(『太祖実録』元年八月丁卯条、九月己丑条、是年条)。したがって一四世紀末においても、琉球船は朝鮮への航海の途中に対馬を経由し、東南アジア産の物資を対馬に搬入する可能性はある。

五　興利倭船と中国物資

日本から朝鮮王朝に派遣された使節（使送倭人）に対する、朝鮮王朝の回賜品をみる限り、朝鮮陶磁器はみえない。朝鮮との貿易は、進上・回賜の他、官営の公貿易や、朝鮮側の特権商人との間の私貿易が付随して行われており、宮崎貴夫氏が想定するように、公貿易や私貿易を通じて、生活必需品として搭載されたものと考えられる［宮崎 二〇〇三］。ただし公貿易は、朝鮮王朝が木綿で買い上げる事例がみえることから、主として私貿易で陶磁器を購入したものと考えておきたい。

使節が搭乗する船とは別に、興利倭船《こうりわせん》と呼ばれる船が頻繁に朝鮮半島南岸を往来していた。長節子氏は、興利倭船に関する従来の諸説を丹念に再検討し、興利倭船は魚・塩と米穀を交換する船であると結論づけた［長 二〇〇二a］。興利倭人《こうりわじん》とは、従来考えられていたような貿易商人という程の者ではなく、「平常は漁業に従事する漁民で、自らの漁獲物を以って生命を維持するに必要な米穀と交易するために朝鮮へ赴いた者」［長 二〇〇二a：三五六頁］であり、その多くは対馬から発遣していたとする。朝鮮側は民営・官営の併存方式で興利倭船と交易していた。

長氏が指摘するように、興利倭船は、対馬から持ち込んだ魚・塩と朝鮮産の米穀を主に扱っていたことに異論はない。だが、一五世紀初期は、魚・塩以外の商品も扱っていた可能性がある。

一四〇九年、慶尚道国正島《チョンサンドクンジョント》に至った倭船二隻（乗員二〇人）が慶尚道の水軍に拿捕された。倭人は、「略奪のためではなく、貿易のために来たのだ」と主張し、宗貞茂が発給した行状二張を提示した。ところが、朝鮮側は、行状の真偽は明らかにしがたく、船中に搭載されていた品物はみな中国のものので、しかも「大明靖海衛《だいみんせいかいえい》」の印信が押してあることを理由に、「賊倭」と判断して、倭人をことごとく殺害してしまった（『太宗実録』九年三月己未条）。靖海衛とは、山東半島にある登州府の衛所である。

この一件で注目したいのは、朝鮮側に拿捕された倭船が、①宗貞茂（対馬守護・島主）の行状を所持し、②中国商品（おそらく倭寇による掠奪品）を搭載していること、そして③（倭人の主張によれば）貿易のために国正島に至ったという三点である。

このうち、①の行状については、中村栄孝・田中健夫両氏が指摘したように、興利倭船に対する朝鮮側の統制策であり、渡航証明書とみなすことができる〔中村 一九六五c：四四三〜四四八頁、田中 一九五九：二八〜二九頁〕。一四〇七年、朝鮮王朝は興利倭船に対して、各島の「渠首《きょしゅ》」（領主）に発給させた行状を携帯させることを義務づけている（『太宗実録』七年七月戊寅）。この各島「渠首」は、対馬島では守護（島主）宗氏（宗貞茂）ということになる。前述の倭船が宗貞茂の行状を所持していたこと（行状そのものの真偽は不明）からみて、二年後の一四〇九年には行状制が実施されていた様子をうかがうことができ、そしてこの倭船は、興利倭船であったことがわかる。

②・③については、田中健夫氏が、朝鮮半島南岸で中国物資の貿易が行われていたことを指摘している。田中氏は、「朝鮮半島の倭寇が変化して山東の倭寇に転移し」、「このことが南海物資と共に中国の物資を朝鮮への貿易品の中に加えることとなった」とし、次に紹介する二つの記事に言及した［田中 一九五九：三一～三二頁］。

一四一六年九月、朝鮮王朝の礼曹《れいそう》（礼楽、祭祀や外交などを担当）は、日本客人・興利倭人による中国物資の貿易禁止を上申して認められた。その一方で、慶尚道水軍都節制使（同郡の水軍を統括する）鄭幹《チョンカン》は承政院（国王の秘書官）への書中で、倭使が中国からの盗品を朝鮮に売っていることを指摘し、その売買を禁じれば、倭使を怒らせ、変を生じさせる危険性があることを述べている。結局、諸臣の議論は、中国商品を「外方」で売買することを容認した（『太宗実録』一六年九月乙未条）。「外方」は、特に朝鮮半島南岸の沿海部を想定しているものと思われる。田中氏が指摘したように、この決定の背景には、中国物資に対する朝鮮側の需要があったことが考えられる［田中 一九五九：三二頁］。

こうして中国物資の貿易はその後も行われ、朝鮮の南方（史料は「南界」と表記）において、辺民（辺境の民）との交易が行われていた（『世宗実録』即位年一〇月己卯条）。興利倭船によって、使送船の停泊地に指定された釜山浦や薺浦以外の港においても、中国物資の交易が行われたものと考えられる。

このように一四一〇年代、朝鮮半島南岸では倭船による中国物資の交易が行われていた。その物資の多くは、倭寇が山東半島などで掠奪したものとみなすことができる。そして、交易をしていた倭船の主体は、興利倭船であったと推測できる。

このように推測できるとすれば、長節子氏による興利倭船の理解に、修正を加える必要があろう。長説の根拠の一つは、一四一七年、中国人被虜観音保《かんおんぽ》は、朝鮮晋州《チンジュ》の辺で朝鮮側に保護されたという事例である。彼の乗船していた興利倭船は、二船からなり、一船は魚塩、他の一船は唐木綿(中国産の木綿)を搭載し、米と交換していた。そしてこれらの船は、兵器を載せており、防備のない地では掠奪(史料では「侵奪」と表記)をし、兵器のある所では交易(史料では「興利」と表記)を行っていた(『太宗実録』一七年閏五月甲子条)。長氏は、唐木綿は中国からの略奪品であるとし、「興利と侵奪を使い分けているということは、興利倭人が倭寇と表裏一体をなす存在で、まさしく倭寇の変身したものであることを示している」と評している。そして、興利倭船の扱う商品は、「中国からの略奪品を除けば、魚塩が中心であった」とし、中国からの掠奪品を魚・塩に比べて低く位置づけている[長二〇〇二a:三四九頁]。

だが、これまでの考察を踏まえれば、観音保の記事の時期――一四一〇年代においては、中国物資も興利倭船の主要な商品であったといえるのではなかろうか。一四一〇年代、興利倭船は次のように、中国商品を獲得し、朝鮮半島南岸(主に慶尚道)で米穀と交易していたと推測される。

対馬守護(島主)宗氏(宗貞茂ら)から行状を発給されて出港した興利倭船は、①山東半島方面を襲撃する倭寇に転じ、中国物資を掠奪し、朝鮮半島南岸で交易する、または②山東方面を襲撃した倭寇などから中国物資を購入して、朝鮮半島南岸で交易するという二つのケースが考えられる。観音保を載せた興利倭船の事例を踏まえれば、①のケースが存外多かったものと推測される。中国商品の一部は、対馬にも搬入されていたと推測される。

この点に関連して、水崎(仮宿)遺跡に関する佐伯弘次氏の見解に注目したい。

前述のように、同遺跡は対馬の尾崎地域にあり、この地域は早田氏(土寄早田氏)の拠点であった。佐伯氏は、同遺跡で多彩な遺物が確認された背景に、早田氏による興利倭船を想定した[佐伯 二〇〇一・二〇〇四]。一四二五年、「対馬島興利倭船主」である早田氏(史料では「所温田」と表記)は、すでに朝鮮において「行販」に使用した「路引」(前述した行状にあたる)という渡航証明書を、何度も再利用しているため、慶尚道監司から政府に訴えられた。そのため世宗は、一度使用した「路引」をすぐに没収する制度に改めた(『世宗実録』七年一〇月甲戌条)。早田氏が、興利倭人として朝鮮で交易を行っていたことがわかる。そして佐伯氏は、商船が九州方面にも派遣されていたことを指摘し、尾崎地域は、朝鮮―対馬―九州を結ぶ流通の拠点であったとする[佐伯 二〇〇二]。中国を含めて、興利倭船・商船・倭寇などによって、対馬をはじめ各地に諸地域の物資が搬入されていたことが想定できるのである。

六　朝鮮米の輸入

考古資料では容易には明確にしえない物資に米があり(炭化米が出土すれば別だが)、朝鮮に対する対馬側の最も需要の高い物資が米であった。朝鮮王朝は、対馬守護・島主の宗氏や家臣らの使船に対して米と豆を支給しているが[田中 一九五九：九四～九七頁]、朝鮮側による米・豆の支給は、倭寇禁圧と密接な関連があり、対馬側が倭寇禁圧をする見返りに米・豆が支給されるという側面があった[田中 一九七五、荒木 二〇〇七]。

朝鮮王朝による米・豆の支給が定着するのは、太宗期である。一五世紀の朝鮮の一斗は、日本の京枡では四升八合五勺余に相当し、日本の五割弱であった[長 二〇〇二a：二三二頁]。荒木氏によれば、一四二七年以前に対馬島主宗貞盛に賜る米・豆の数(年間支給量)は、三〇〇〇～五〇〇〇石程度であったが、翌年から朝鮮王朝は年間二〇〇〇石に支給量を制限している。前述した癸亥約条(一四四三年)でも、歳賜米・豆は各二〇〇石を支給することが規定された。荒木氏は、このように世宗＝宗貞盛期に米豆の支給量が固定化したのは、通交関係の不安定要因である倭寇を克服したものと評価している[荒木 二〇〇七]。

また朝鮮に渡航した使船の乗員に対して、朝鮮王朝は、日本から朝鮮への渡航日数に応じて与えられる過海料や、入港した港(三浦のいずれか)に滞在している期間中に与えられる留浦料として米を支給した。過海料の支給にあたり、使節の出発地に応じた基準の渡航日数を定めている。その規定は一四七一年に改定され、『海東諸国紀』の「朝聘応接紀」によれば、対馬島は五日、壱岐島は一五日、九州は二〇日、日本本国(畿内・山陰道・山陽道)と琉球国使は二〇日とある。支給人数は、一四七一年の時点では、大船四〇人・中船三〇人・小船二〇人で算出し(『成宗実録』二年四月己酉条)、過海料・留浦料は一日米二升であり、留浦料は、一人について一日に二度、米を各一升支給した(『海東諸国紀』「朝聘応接紀」)。長節子氏は、一四八二年、朝鮮王朝に大蔵経を求めた「夷千島《えぞがちしま》王《おう》」の使者が、朝鮮に長期にわたって滞在した理由として、留浦料の獲得を挙げている[長 二〇〇二a]。

また上記の使船とは別に、前述したように興利倭船が、朝鮮半島南岸の港に入航して、魚・塩を朝鮮に持ち込み、米穀と交換していた。

このような経緯によって、朝鮮米が対馬島内に流入した。だがその米が、島内でどのように分配され、消費されていったのかという点は、明らかではない。対馬島内の中世史料に畠・木庭(焼畑)の記載が多いことや、内山村における山林資源の利用[早稲田大学水稲文化研究所 二〇〇七]などを考慮すれば、全ての階層に米が流通しているとは思えない。また米が商品として、対馬島外に流通する可能性もある。ここでは、島内の流通の手がかりとなる二つの史料を提示しておきたい。

享徳四年（一四五五）二月日の満茂書下写（『享禄年迄　馬廻御判物帳』）〔長崎県史編纂委員会 一九六三：七一四頁〕には、宗彦三郎にあてて、冒頭に「一、朝鮮米十五石の事」を記しており、次いで「一、天満宮まつり惰すべからざるの事」「一、当家の守護専一たるべき事」などを心得るように伝えている。朝鮮米の支給を約束したものなのかもしれない。

また仁位家文書（対馬市豊玉町仁位　仁位信輝氏所蔵）には、永正三年（一五〇六）の唐坊盛房《とうぼうもりふさ》証状〔豊玉町教委 一九九五：三八〜三九頁〕がある。

（端裏書）
「しょもん」
かうらい（高麗）のたいもく（題目）之事、しゆうそ（愁訴）なり申候ハヽ、米の事ハその方の御一しやうらいの間、
はんふん（半分）わたし申へく候、すこ（し脱カ）も此のまゝふさた（無沙汰）あるましく候、仍為後日状如件、

唐坊治部小輔

永正三年ひのへとら二月卅日　盛房（花押）（黒印）

宗右馬允殿参人々中

2章で述べたように、対馬守護・島主の宗義盛《よしもり》（盛順、惣領家）は、歳遣船・特送船などの使船（偽使を含む）を管理・経営していた。その中のある使船に関する権利を有していた宗右馬允（仁位宗氏）が、朝鮮渡航の際に宗氏から発給される「題目」に関して愁訴した。それに対し、（惣領家の家臣である）唐坊盛房が将来にわたり米の半分を与えることを約束した。このように解釈すると、対馬島

主の派遣した使船に一定の権利を有していた諸氏(被官)に対して、朝鮮米半分を支給する仕組みがあったことがわかる。

おわりに

本章では、主要な伝世品や考古学の成果を出発点として、中世対馬における物流の一端を考察してきた。朝鮮産陶磁器の圧倒的な多さは、高麗・朝鮮王朝との交流が密接であることを示している。それに加えて、中国産・東南アジア産陶磁器の存在は、中世の対馬が、さまざまな地域と交流していたことを物語っている。

物資が対馬に搬入されるルートについてみると、一三世紀〜一四世紀前半においては、高麗への進奉船や、日宋・日元貿易船(唐船)、倭寇、一四世紀後半〜一五世紀においては、倭寇、南蕃船、琉球船など多様なルートが想定できる。一四世紀末以降、朝鮮王朝に対して、使船(使送倭人)や興利倭船が頻繁に往来しているが、興利倭船は少なくとも一四一〇年代には中国までを活動範囲とし、朝鮮—対馬—九州を結ぶ活動もしていた。また対馬守護・島主の宗氏と、使船に一定の権利をもつ諸氏(被官)との間で、朝鮮米を分配するシステムがあったことを想定した。

一・二節で述べたように、一四世紀(南北朝時代)になると、対馬島内においては、朝鮮半島の梵鐘や、畿内に見られる中央形式の石塔に価値を見出し、それを受容するようになった。このことと、宗氏や対馬島民(受職人など)の活動、そして技術伝播の関連についてはさらに検証していく必要がある。これらの諸点は今後の課題としたいが、この点に関する狭川真一氏や大石一久氏の見解を紹介しておきたい。

一節で述べたように、対馬には、朝鮮半島由来の金銅仏が数多く伝わっている。だが、その多くは火傷を負っている。狭川真一氏は、朝鮮王朝の排仏政策によって迫害を受けた僧侶が、日本に亡命し、その際に各自の荷物として隠し持ってきたとする仮説を提示した。狭川氏は、対馬側の受容者として、受職倭人を想定している［狭川 二〇〇四］。この仮説はさまざまな角度からの検証が必要だと思われるものの、狭川氏が、受職倭人と島内の石塔、厳原町豆酘内院の花崗岩製の宝篋印塔、峰町佐賀の宝篋印塔(日本の中央形式)などの関連を指摘していることは、注目される。

また大石一久氏は、主に日引石塔である石塔が立つ場所と、朝鮮系渡来仏の分布地がほぼ一致することを指摘する。そして前述したように、一四世紀後半〜一五世紀前半の九一基は突然出現し、しかもすべて畿内周辺の形式の塔であるということを踏まえて、次のように述べる。対馬では、石塔類を造立できる豊かな階層が中世を通じて限られ、海上交易が活発であった時期には、いきなり大量の石塔類が建立されるが、海上交易が公的に、しかも一部有力者(宗氏)によって独占的に展開され始めると、一時的に活発化した浦々の海民の活動は抑えられ、それと同時に石塔造立の機会が遠のいたのではないかという。さらに対馬・五島・平戸島などに総数約三二〇基分というように大量に造立された石塔（主に日引石塔）は、主に南北朝後半から室町前期までの一時期のみに造立されている。

一四～一五世紀は、元帝国の崩壊にともなう激動の時代、日本列島にあっても新たな国家秩序作りのための混乱と再編の時期にあたる。倭寇のような海の民の活動は、このような混乱の時期にこそ活発化し、そこに日引石塔の海運による大量搬入と建塔の真因があるとする［大石二〇〇七］。

第4章　対馬島に生きる中世人——島の生業と年貢・公事——

はじめに

海の民である倭寇（島民）の活動によって、さまざまな地域からの物資が搬入された対馬島だが、島内に目を向けてみると、そこにはどのような島民たちの暮らしがあったのだろうか。この章では、島民の生業と彼らが負担する税（年貢・公事）に視点をあてて、中世対馬の社会を考えてみたいと思う。

中世の対馬には、荘園はなかった。だが中世文書をみていくと、課役や所領表記などに、荘園公領制の影響を見出すことができる。本章では、宗氏と家臣（給人）との関係を示す文書を中心に検討し、課役の内容や、設定された所領の表記などを示し、それらを通じて対馬における多様な生業や耕地の特色に言及したい。

対馬の中世文書に関しては、『豊玉町の古文書（中世文書）』［豊玉町教委 一九九五］「解説」（小松勝助氏執筆）が、対馬市豊玉町内に現存する中世文書の様式を整理している。それによれば、（1）書下、（2）安堵状、（3）遵行状、（4）書状、（5）寄進状、（6）禁制、（7）官途状、（8）加冠状［木下 二〇〇六］、（9）坪付、（10）売券である。ただし、例えば（3）の中に「坪付」の記載がある例があるように、複数の様式を含む文書もある。

対馬の村落に関しては、早稲田大学水稲文化研究所による研究の他、蔵持重裕氏が、府中藩（対馬藩）給人（在村給人）である佐須《さす》郡久根田舎《くねいなか》の初村氏をとりあげ、「初村家文書」の坪付帳（貞享三年〈一六八六〉）などをもとに、中世における初村家の知行地や耕地の所持分布と、その住まい景観の復元を試みている［蔵持 二〇〇七］。

これらの成果に学びながら、対馬島に生きた中世人の姿を探っていこう。

一　鎌倉末～南北朝前期の課役と生業

対馬の領主支配について「大山《おやま》小田文書」を素材に概観してみよう。

大山小田文書は、対馬の与良郷大山村（対馬市美津島町大山）の給人小田家に伝来した文書であり、現在、長崎県立対馬歴史民俗資料館の所蔵となっている。大山村は、浅茅湾の東側に面する集落である。大山小田文書は、佐伯弘次・有川宜博両氏によって、編年のかたちで四八通が紹介されており〔佐伯・有川 二〇〇二〕（以下の文書番号は同紹介による）、さらに佐伯氏による史料の要点をおさえた解説もある〔佐伯 一九九〇・一九九八〕。

海の領主として知られている大山氏は、大山伴田氏とも称し、戦国時代には小田氏を称するようになる。この小田氏に伝わる大山小田文書は、鎌倉時代末期から戦国時代までの文書を含んでおり、海事史料として豊かな内容をもっている。対馬独自の課役を知ることができるほか、対馬守護宗氏らによって、荘園公領制の論理が持ち込まれている様子もうかがえる。

以下では佐伯氏の研究に導かれながら、大山小田文書から、領主がどのような年貢や公事を賦課していたのか、そこからうかがえる対馬の社会を考えてみたい。

鎌倉時代後期から南北朝時代前期は、少弐氏が対馬守護であり、対馬島の地頭をつとめていた。同文書のうち六通は、少弐氏による支配が直接及んでいた時期のものである。

まず鎌倉末期の三通の文書から、大山氏が負担していた課役を確認しておこう。第一に年貢であり、大山氏は年貢として塩の徴収を命じられている。

〔史料1〕少弐貞経書状（一号）

対馬「島」《（補筆）》のしほや《（塩屋）》の事、注文をあいそへて、かしあけ《（借上）》のかたにわた《（渡）》さるゝほか、今年はしめてたつる《（立）》ところ《（所）》のしほかま《（塩竈）》をは、けんさい《（現在）》にまかせて、くない《（宮内）》入道のさた《（沙汰）》として、ねんく《（年貢）》をさた（沙汰）ししん（進）すへきよし、「先」日「おほせ（仰）」られをハ（畢）ぬ、「そんふ」ん（存分）をくない（宮内）入道にくハしく（詳）
おほせ（仰）ふくめ（含）らるへく候、謹言、
元応元（一三一九）
十一月廿九日
貞経（少弐）（花押）
西郷入道殿
八田六郎殿

少弐貞経は、「対馬島の塩屋は借上のかたに渡し、今年初めて立てる塩釜は宮内入道の沙汰として年貢を進上せよ」と指示している。塩屋は、鹹水《かんすい》を煮て塩を作る建物、すなわち製塩施設を指す。塩屋は借金の抵当として借上に渡され、それ以外の新立の塩竈（釜）を基準に、少弐氏は宮内入道に塩年貢を負担させている。塩年貢の賦課の単位が、塩屋ないし塩竈（釜）であることがわかる。そして少弐貞経は、借上に塩屋を渡し、宮内入道は新立の塩竈（釜）から徴収するという分担を指示していた（〔史料1〕の解釈については、白水智氏の教示を得た）。宮内入道は、塩年貢徴収の役人にあたると考えられる〔佐伯 一九九八：一一七頁〕。借上が存在していたことから、塩が流通していたことをうかがわせる（塩の生産と流通は、〔佐竹 二〇一〇、荒木 二〇一一〕を参照）。

網野善彦氏によれば、浦々の百姓たちの村（網野氏は「平民百姓的海民の共同体」と表記）で営まれる小規模な製塩に対して、荘園・公領の支配者による賦課の仕方は、国によってさまざまであった

という。伊予国弓削《ゆげ》島荘などの瀬戸内海の島嶼では、塩浜が百姓名に組み込まれ、米麦との交易で塩年貢を納めた。若狭国の浦々は山手塩を負担し、能登国の浦々では塩釜が正式な検注の対象になっていた。佐渡では塩釜、越後・肥後では塩屋、豊後では塩浜が領主の譲与の対象になっているのも、賦課方式の違いと関係があるものだという。肥前国五島の浦部島(中通島)に根拠を置く青方氏とその支流白魚氏の所領は、田畠・山野・牧・網・塩屋から成り立っており、元徳三年(一三三一)八月一五日付の深堀時清(カ)和与状案(肥前深堀家文書、『鎌倉遺文』四〇巻三一四九二号)でも塩屋が和与の対象になっている[網野 二〇〇一]。対馬においても、このような荘園公領制の下での塩の徴収と、本質的には変わりはない。だが〔史料1〕には、塩屋・塩竈(釜)双方がみえることや、塩屋からの徴収を借上に委ねる点に、他地域との相違点がみえる。

　第二の課役は「網の用途」であり、漁業への賦課である。

〔史料2〕□房・祐円連署書状(一号)

としく《(年々)》のあミ《(網)》のようとう《(用途)》ハ弐拾貫文そのさた《(沙汰)》候へとも、いま《(今)》ハあミ一てう《(帖)》のほかハさた《(沙汰)》なき《(無)》あひた《(間)》、拾貫のほかハなんち《(難治)》たるへきよし、なけき《(嘆)》申るゝうへハ、いま一てう《(帖)》ふん《(分)》のようとう《(用途)》の事、あミ《(網)》をひか《(曳)》さるうへハ、御めん《(免)》あるへきよし《(由)》候也、一てう《(帖)》ふん《(分)》ハけたい《(懈怠)》なくさた《(沙汰)》したしん《(進)》せらるへきよし《(由)》候、そんち《(存知)》せらるへく候、恐々謹言、

嘉暦二《(一三二七)》

正月十日　　　　　　　　　　　　　　　　　　祐円（花押）
□房（花押）

大山伴田次郎殿

大山伴田次郎は、年々の網の用途として毎年二〇貫文（網二帖分）を少弐氏に納入していたが、現在は網一帖分は曳いていない（操業していない）ので、一帖分の一〇貫文は納入しがたいと訴えた。その主張が認められ、網一帖分の用途が免除された。この網は、大山氏が所有していたものと思われ、その網を使用して後述する網人（すなわち海民）が漁業を営んでいた。漁獲物は銭に換えられ、少弐氏は、その網一帖につき一〇貫文の税を賦課していた。佐伯氏は、当時の対馬の網漁は、一帖につき年間一〇貫文以上に相当する漁獲があったと推定している〔佐伯 一九九八：一二一～一二二頁〕。

「網の用途」の文言を記した鎌倉時代の文書は少なく、鎌倉時代の伊予国弓削島荘において二通確認できる程度である。元亨元年（一三二一）六月一五日付の弓削島荘網用途支配状（「東寺百合文書」マ・白河本東寺百合文書、『鎌倉遺文』三六巻二七八〇五号）に「弓削島網〈元亨元年〉用途支配」、元亨三年六月四日付の弓削島荘網用途支配状（「東寺百合文書」マ、『鎌倉遺文』三七巻二八四二三号）に「あミ（網）の用途」がみえる。

第三の課役は公事である。〔史料2〕と同年の文書をみてみよう。

〔史料3〕少弐貞経書下（三号）　（書き下し）

大山宮内左衛門入道跡の事、子息伴田次郎相違無く相続せしめ、限りある御公事は、先例に任せて勤仕せしむべく候由、仰せらる所なり。その旨を存知せしめ給ふべきの状件の如し。

嘉暦二《一三二七》

十二月廿八日

妙恵《少弐貞経》（花押）

宗馬弥次郎《盛国》入道殿

妙恵（少弐貞経）が、宗馬弥次郎入道（宗盛国）に対して、大山宮内左衛門入道の遺跡を子息伴田次郎が相続することを承認した旨を伝えるように命じたものである。その際、伴田次郎は限りある公事を先例に任せて務めるように命じられている。公事の具体的な内容は明らかではないが、後の時代の公事から類推すれば、交易に賦課されたものだろうか。年貢として納める塩とは、別であると思われる。

以上みてきたように、鎌倉時代末期、少弐氏は、大山氏に対して、年貢（塩）・網の用途（銭）・公事の三つを賦課していた。このことは、大山氏が掌握していた百姓が、製塩・漁業（・交易）を生業としている海民であったことを示している。またその課役は、荘園公領制のもとでの海民に対する課役とは、基本的に変わるところはなかった。

次に南北朝前期の文書をみると、大山氏の違乱行為や、「年貢用途」の未進（滞納）が問題にされている。

〔史料４〕西郷顕景・輔恵連署書下（四号）（書き下し）

対馬島塩屋百姓源藤六・源八男等申す船木の事、大山小次郎左衛門尉或ひはこれを運び取り、或ひは違乱致すと云々。太《はなは》だ謂はれ無し。早く且つうは件《くだん》の木を本主に糺返し、且つうは向後の違乱を止めらるべきの状件の如し。

康永四（一三四五）

二月一日

輔恵（花押）

（西郷）顕景（花押）

大山宮内允殿

この文書から「塩屋百姓」、すなわち塩屋で働く百姓である源藤六・源八男の名がわかる。大山小次郎左衛門尉は、彼らの船木を運び取ってしまった。源藤六らは少弐氏に訴えたため、少弐氏の被官である西郷顕景と輔恵は、船木を本主に返すように大山宮内允に命じている。塩屋百姓は、船木、すなわち船材に使用する木材を所持しており、したがって彼らは生産手段としての船を所有していたことがわかる〔佐伯一九九八：一二〇頁〕。この塩屋は大山氏の管理下にあったことが推測されるが、大山氏が百姓の船木を運び取ることは違乱行為であると、少弐氏が認定したのである。

さらに「年貢用途」の未進が問題になることもあった。康永四年（一三四五）八月二四日付の西郷顕景・輔恵連署書下（五号）によれば、大山宮内允が、毎年、慶寿寺の雑掌に支払うべき「御年貢用途」を未進していることがわかる。年貢塩と網の用途の二つを未進していることになり、この二つが大山氏に引き続き賦課されていることがわかる。年未詳二月一二日付の西郷顕景・氏賢連署書状(六号)によれば、大山伴田宮内丞は、(網の)用途の去年分一〇貫文・今年分一〇貫文を慶寿寺に未進している。

二　南北朝時代前期〜戦国時代初期の課役・生業と所領

南北朝後期以降、少弐氏に代わって、宗氏による対馬の知行が展開していく。そのため大山小田文書において、南北朝後期以降は、宗氏の発給文書が大半を占めるようになる。以下では、(1)一四世紀後半、(2)一五世紀前半、(3)一五世紀後半、(4)一六世紀前半に分けて検討していく。

(1)一四世紀後半　網人と公事

一四世紀後半における少弐氏の知行時期との相違点を、次の二通の文書から指摘しておこう。

第一に、漁業に関わる網人(百姓身分の海民)の人数や名を宗氏が掌握しようとした史料(七号)である。百姓の名が書き上げられている文書なので、次に掲げておこう。

〔史料5〕宗経茂書状(七号)

いま五たう（今五島）のへんさいし（弁財使）并ニあミ（網）人ら
一人　さう五郎
一人　又五郎
一人　四郎
一人　けん二郎
一人　ミヤハう
一人　ふくらたゆふ
一人　へい三郎
一人　むまの太郎
一人　すけ二郎
一人　三郎大郎
あつけ（預）まいらせ（進）候、恐々謹言、
貞治五（一三六六）
十月十一日　宗慶（宗経茂）（花押）
大山くないさへもん（宮内左衛門）尉殿

佐伯氏によれば、この文書は大山小田氏の漁業経営における人的基盤を明らかにしたものであり、

このとき大山氏は、漁業組織の長である弁済使と、実際に網漁に従事する網人の計一〇名を、宗慶（宗経茂）から預けられたとされる。大山氏の漁業経営は、網を所有し、弁済使・網人という専業的海民をかかえてのものであった〔佐伯 一九九八：一二二〜一二三頁〕。このような経営は、鎌倉時代末期から継続していたものであろう。

少弐氏知行の時期と異なるのは、一〇人の名を具体的に書き上げている点である。おそらく実態としては、彼ら一〇人はすでに大山氏が抱えており、宗経茂がそれを承認した上で、形式的に大山氏に預ける形をとったのであろう。宗氏は、大山氏を通じて、課役の賦課対象である海民＝百姓の名・人数まで掌握しようとしたのである。

第二に、公事の内容が明示されることである。

〔史料6〕宗澄茂書下（八号）　（書き下し）

かうらいわたり《高麗渡》の大山ふね《船》二そう《艘》のくうし《公事》の事、さしをき申す所件の如し、

正平廿四《一三六九》

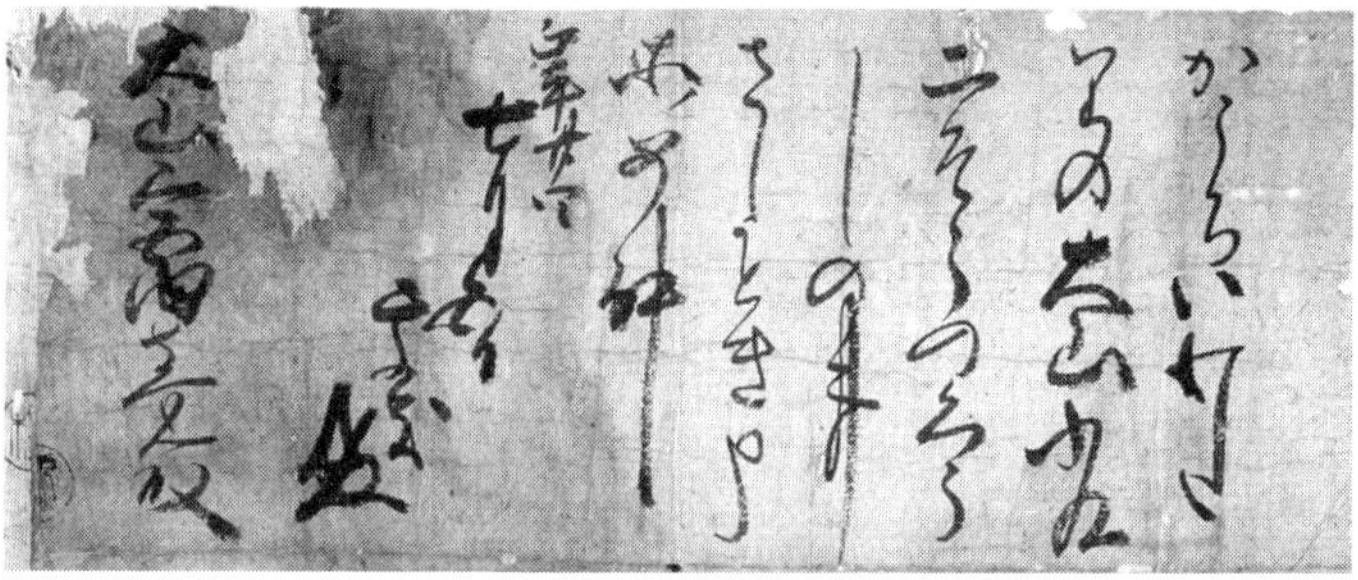

宗澄茂書下（長崎県立対馬歴史民俗資料館蔵）

七月五日

宗慶《宗経茂》(花押)

大山宮内さへもん《左衛門》殿

この文書では、大山宮内左衛門は、高麗渡りの大山船二艘の公事が免除されている。仁位宗氏の澄茂の代では、逆に高麗公事の沙汰を命じられている。年未詳一一月七日付の宗澄茂書状(一〇号)において、「つしま《対馬》の島の八かい《海》のかうらい《高麗》くうし《公事》」を事書の旨を守り、来る午年まで沙汰するように命じられ、康応元年(一三八九)九月一七日付の宗澄茂書下(一二号)においては、「つしま《対馬》のかうらい《高麗》御公事」の沙汰を命じられている。

高麗公事の初見は、貞治四年(一三六五)一一月一三日付の宗宗慶(経茂)書下写(『宗家御判物写与良《よら》郷下』鶏知《けち》村、『南北朝遺文』九州編四巻四六〇三号)〔長崎県史編纂委員会 一九六三：六三二頁〕で、峰の沙汰人中に対して「下人のこうらいくうし」を免除したものである〔李領 一九九九：一八三頁、注(135)〕。

ところで高麗公事〔黒田 一九七二〕の解釈については、(ア)宗氏が倭寇からとりたてた公事とする見解〔中村 一九六五b、李領 一九九九〕と、(イ)宗氏が島民の高麗貿易に対して賦課した課税という見解〔田中 一九七五、長 二〇〇二a〕がある。前期倭寇が隆盛した時期であることから、佐伯氏は解釈を留保している〔佐伯・有川 二〇〇二〕。

だがこの時期、宗氏による遣使があり、一三六八年、宗宗慶は使節を高麗に派遣して米一千石を支給されている（『高麗史』恭愍王一七年一一月丙午条・『高麗史節要』恭愍王一七年一一月条）。また巨《コ》済《ジェ》島《ド》において倭人（対馬島民か）の居住が認められ、向化倭として扱われている（『高麗史』恭愍王一八年七月辛丑条）。高麗公事は、倭寇が沈静化した一五世紀においても賦課されている（後述）。公事を島民に賦課する論理としても、島民の掠奪行為を前提としつつ、彼らの上前をはねるようなことは考えにくい。したがって高麗公事は（イ）説で理解すべきで、対馬から朝鮮に渡海して交易をする船に課されたものと考えられる。ただし、この解釈は公事を賦課する宗氏側の論理であり、負担する船については海賊船と商船の実態はきわめて近い。

　また宗氏によって所領が安堵され、その所領に基づいて公事が賦課されている。宗澄茂は、次のように和多浦の恒例の公事を給分として、大山左衛門五郎に宛行っている。

〔史料7〕宗澄茂書状（九号）

つしま《対馬島》のしまわた《和多》の浦のこうれい《恒例》の御くうし《公事》の事、きうふん《給分》としてあて《宛》給るところ也、御かき《書》下のむねニまかせて、ちきやう《知行》うすへき状如件、

永和二《一三七六》

十月十六日　　　　澄茂《宗》（花押）

大山さへもん《左衛門》五郎殿

また年未詳一一月七日付の宗澄茂書下（一一号）では、大山左衛門五郎は麻生（浅茅）内島山の代官職を預け置かれ、公事の進上を命じられている。大山氏は、宗氏に対する公事の負担を命じられていたことがわかる。その際、代官職に任じられたり、浦という所領単位を基準に公事負担分が給分として与えられるようになっている。この点に荘園公領制下の収取体系の影響をみることができる。

(2) 一五世紀前半　所領の宛行・百姓の公事負担

一四世紀末、宗貞茂が仁位《にい》中村宗氏から対馬島主の地位を奪還した。宗貞茂と次の宗貞盛の時期は、宗氏による島内支配の基盤が固められていく時期である。

まず宗貞茂の代になると、所領が給分として宛行われている。

〔史料8〕宗貞茂書下（一四号）（書き下し）

対馬島内和多浦・志麻（島）山・今五島の事、「由」所の地の間、給分として宛行ふ所なり。先例に任せて沙汰致すべきの状件の如し。

応永八（一四〇一）

十二月十三日　（宗）貞茂（花押）

大山宮内左衛門尉殿

和多浦・島山・今五島は、浅茅湾内の地域と考えられる［佐伯・有川 二〇〇二］。宗氏が、浦や山などの所領を宛行うことで、島内の家臣（給人）を編成していく様子がうかがえる。このことは、年未詳六月二四日付の宗貞茂書状（一六号）において、はっきりと示されている。宗貞茂は、小田宮内左衛門尉の由緒地について、先年の宗経茂・宗澄茂の成敗の旨に任せて安堵を成すことを、宗中務入道に命じている。

ついで宗貞茂のもとでの公事・年貢の負担や免除についてみていこう。

応永九年卯月（四月）二一日付の宗貞茂書下（一五号）では、大山小田宮内左衛門尉は大山宮内左衛門入道跡を相続するにあたって限りある公事の勤仕を命じられている。また年未詳四月一〇日付の宗貞茂（カ）書状（一七号）によれば、仁位郡について「カミ《上》のねんく《年貢》」（宗氏に納めるものか）と「わたくし《私》のとくふん《得分》」（大山氏の得分）の沙汰を、大山宮内左衛門が命じられている。大山小田文書において、年貢の記載はこの文書が最後である。さらに、次の文書をみよう。

〔史料9〕宗貞茂書下（一八号）（書き下し）

大山宮内入道知行分の事、先々のまゝ諸事お御めん《免》ある所なり。この旨存知せらるべきの状件の如し。

応永十一《一四〇四》

十二月十五日

正永《宗貞茂》（花押）

大山宮内入道殿

この文書では、大山宮内入道の知行分の諸事(公事。年貢を含むか)が免除されている。何らかの功績によって諸事の免除を獲得したのであろう〔佐伯・有川 二〇〇二〕。

また同時に大山氏は、宗貞茂から「八かい《海》の大もの《物》」が立つ時には、その取り沙汰が命じられている。このことは、応永一一年一二月二〇日付の宗貞茂書下(一九・二〇号)にみえる。このうち二〇号文書を、次に掲げよう。

〔史料10〕宗貞茂書下(二〇号)

いるかのうら《浦》のもの〻事、十こん《喉》ニ五こんハくはう《公方カ》物たるへく候、かたくさいそく《催促》あるへく候、

八かい《海》の大もの《物》〻事、かたくさいそくあるへき条、

一所　のふ《濃部》

一所　かもせ《鴨居瀬》

一所　たけ《竹》の浦

一所　わた《和多》の浦

の事、せん〳〵《先々》の法のま〻さた《沙汰》あるへく候、もしふさた《無沙汰》のともから《輩》におゐてハ、さいくわ《罪科》あるへき状如件、

応永十一《一四〇四》
十二月廿日
正永《宗貞茂》(花押)
大山宮内入道殿

差出の「正永」は、宗貞茂の法名である。「八かい《海》」とは対馬八郡、対馬全島の海域を意味し、「大もの《物》」とは海豚(イルカ)やマグロなどの大型の海中生物と考えられる。そして海豚については、一〇喉に五喉は公方物とある。公方物は島主宗氏への上納物と思われ、漁獲高の五割は島主宗氏に上納していたことを意味する。すなわち大型漁獲物の半分は、宗氏に上納するという原則があり、大山氏は宗氏の代官としてその任にあたっていたものと考えられる〔佐伯 一九九八、佐伯・有川 二〇〇二〕。

さらに注目したいのは、所領(知行地)の沙汰も命じられている点である。一九号文書では、「三のこほり」(仁位郡)、「さか《嵯峨》・かいふな《貝鮒》・大いし《石》」における沙汰が命じられている。〔史料10〕では、一所として、濃部・鴨居瀬・竹の浦・和多の浦という浅茅湾の東側の地名が書き上げられ、その沙汰を命じられている。〔史料10〕で示された地は、大山氏が宗氏から与えられた知行地と思われる。漁業に従事していた百姓(海民)からの徴収とは別個に、知行地の沙汰も命じられるようになったのである。なお、和田浦・志麻(島)山・今五島は、応永二七年一二月六日付の宗貞盛書下(二二号)により、大山宮内左衛門尉に宛行われている。宗貞盛の代始安堵といえるだろう。

それでは、知行地の沙汰とはどういうことだろうか。大山氏の知行地からは、八海の大物とは別に、宗氏に対して公事を納めることになっていた。その場合、公事が賦課される対象は、百姓である。応永一五年四月一六日付の宗貞澄書下(二一号)には、「御ちきやう《知行》分百しやう《姓》所々に候」とあり、知行分の百姓が位置づけられている。さらに、次の文書をみよう。

〔史料11〕浄秀・祐覚連署書下(二三号)

ひる《昼》の浦の百しやう《姓》の事、けんちう《検注》申へきよし《由》申候、しかるへく候、よてりんし《臨時》の御くうし《公事》いけ《以下》の事ハありつき候するほとハ、くはう《公方》ニ御申、さしをくへく候、もと《元》のことく《如》かへり《還》、いかてしたい《次第》ニのこり《残》候百しやう《姓》をもめしわたし《召渡》、ほん〳〵《本々カ》の御くうし《公事》をいたし候へき之状如件、

嘉吉三《一四四三》

十一月廿四日　　祐覚(花押)

浄秀(花押)

けこしの所

ひる《昼》の浦

昼の浦(対馬市美津島町昼ケ浦)の百姓の検注を指示したが、臨時の御公事を公方(宗貞盛)に申し上げ免除すること、それと引き替えに百姓が還住して、残りの百姓についても恒例の公事を納めることを指示している。

大山氏が掌握しているのは、漁業や交易などを生業としている百姓たちである。彼らは、移動生活を主とし、その行動範囲は朝鮮の三浦（乃而浦〔薺浦〕・富山浦〔釜山浦〕・塩浦）にまで及ぶ。

〔史料12〕宗成職書下（二一八号）

ふさんかい《富山浦》にて候二人のひやくしやう《百姓》共、宮内さへもん《左衛門》ニくうし《公事》物あけ候へ、むつかしく申ニ
よて、はん《判》のいたす、

「小田」宮内さへもん

「霜」月十五日　成職《宗》（花押）

この文書の途中からは追筆で、意図的に宗成職の判物に改変しようとした形跡があり、扱う上で注意が必要である。前半の記述は興味深く、富山浦における百姓（恒居倭）二人から宮内左衛門が公事物を徴収していたことを示すものである。この文書について、長節子氏は、「小山（小田）宮内左衛門なる者が、富山浦恒居倭の二人の百姓の出す税を島主から宛行われていたが、百姓らが小山に税を納めないので、島主成職に訴えて裁許をうけたもので、これにより恒居倭は島主の裁判権に服していたことがわかる」としている［長 二〇〇二a：九頁、（ ）は筆者注］。宗氏は、三浦の恒居倭に対する検断権・課税権（営業税の徴収権）を持っていた（本書5章参照）。

このように宗氏は、給人大山氏を通じて、海民としての性格が強い百姓を賦課の対象としていた。

ここで想起されるのは、宗貞盛らが、応永の外寇時に朝鮮側の捕虜にされた対馬島民や、朝鮮に逃来した島民の送還を、朝鮮王朝に要請したことである〔関 二〇〇二〕。たとえば、一四三七年、宗貞盛は、百姓馬三郎ら二六名の「本島逃来人」の送還を求めている（『世宗実録』一九年三月癸巳条）。このように名を特定して送還要請をしているのであり、上述してきた百姓の掌握とも深く関わる事例であろう。

(3) 一五世紀後半　公事の多様化

一五世紀後半の対馬守護・島主である宗成職の発給文書で目立つのは、多様な公事が設定されていることである。対馬独自の公事が、大山氏に対して賦課ないし免除されている。享徳三年（一四五四）二月五日付の宗成職書下（二六・二七号）では、大山宮内左衛門尉は高麗の諸公事の他、六つの諸公事が免許（免除）されている。

〔史料13〕宗成職書下（二七号）

たう《（当）》国高麗のしよ公事等の事、

一、しほ《（塩）》判

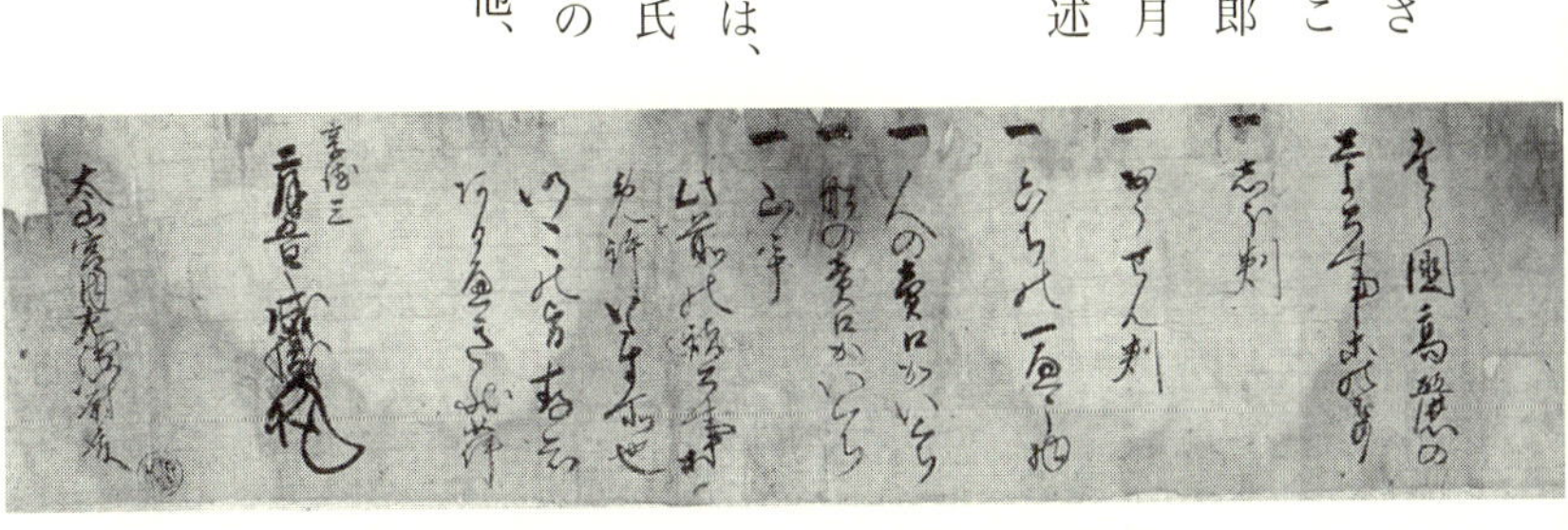

宗成職書下（長崎県立対馬歴史民俗資料館蔵）

一、おうせん判
一、六ち（地）の一へう（俵）物
一、人の売口かいくち（買口）
一、船の売口かいくち（買口）
一、山手
此前の諸公事等、免許いたす所也、仍この旨存知あるへき状如件、

享徳三（一四五四）二月五日　　成職（宗）（花押）

太山（大）宮内左衛門尉殿

これらの公事については、論者によって解釈の異なるものがある［竹内 一九五一、黒田省三 一九七一、長 一九八七・一九九〇・二〇〇二a、佐伯 一九九〇・一九九八］。次に、その解釈を列挙しておこう。

「塩　判」　塩を朝鮮・本土に搬出することを許可する島主宗氏の証明書［長］。
朝鮮に渡航する商船の積む塩（商品）に対する課税［黒田・佐伯］。

「おふ（う）せん判」　対馬から孤草島（巨文島）に出漁（釣魚）の時、対馬宗氏から発給される文引［長］。
孤草島出漁の漁船に対する税［佐伯］。

「六地之一俵物」　九州（対馬では、「六地」・「陸地」と表記される）へ赴く商船の従量課税〔黒田〕。

「人之売口買口」　人身売買に関する課税〔黒田〕。

人身売買にたずさわることを許可したもの〔長〕。

「船之売口買口」　対馬在籍船の渡航権の売買に対する課税〔黒田〕。

船による対馬島内沿岸での交易活動を許可したもの〔竹内・長〕。

「山　手」　島内各浦に寄港する船舶が使用する薪・材木などに課した運上〔黒田〕。

「塩判」・「おふ《（う）》せん判」は、その用語を文引などの文書と解するか、税＝公事として解するかの相違があるが、文書の発給には手数料（代価）が必要であるから、実態としては大きな相違はない。もっとも解釈の異なるものは、「船之売口買口」である。「六地之一俵物」が別にあることを踏まえて、長説のように対馬島内沿岸での交易活動を認めたものと解釈したい。交易のうち人身売買については、「人之売口買口」が別途に設定されたものであろう。そしてそれらの交易で得た利益に対して賦課したのであろう。

ここで確認しておきたいのは、守護宗氏は、公事を課役の中心に据え、家臣（給人）を通じて百姓から多様な名目の公事を徴収していたことである。この点に、宗氏の島内支配秩序が固まってきたことがうかがえる。

これらの公事のうち、「おふ《(う)》せん判」について若干の説明を加えておこう。嘉吉元年(一四四一)、宗貞盛は、朝鮮王朝との間に孤草島《コチョド》釣魚《ちょうぎょ》禁約を結び、孤草島に出漁する対馬漁民に文引を与える権限を得た。長氏は、その文引を「おふ《(う)》せん判」と解している。宗氏は、文引の発給権を得ることにより、対馬島外での島民の出漁を、その管理下においたのである。長氏は、孤草島を現在の大韓民国全羅南道《チョルラナンド》の巨文島《コムンド》に比定している[長 二〇〇二a]。大山氏配下の百姓(海民)は、孤草島海域まで出漁していたことになる[佐伯・有川 二〇〇二]。

また前節でみたように、大山氏の下で百姓らによる製塩が行われていたが、上記の「塩判」の解釈は、双方ともに朝鮮との交易を想定している。これは、本書2・3章で触れた興利倭船を意味する。また「六地之一俵物」から、大山氏は九州との交易にも従事していたことが推定される。佐伯弘次氏が指摘するように、中世の大山は、朝鮮—対馬—九州を結ぶ交易の拠点であり、ここを押さえる大山氏はこのルート上で交易に従事していたと考えられる[佐伯・有川 二〇〇二]。

なお、山手は、荘園史の用語としては、山手銭の略で、山に立ち入る人間に課された使用料と理解されている。特に室町時代には、山中・陸路に設けられた関所で通行人・貨物に課したもので、一種の関銭の性格をもっている。

これに関連して述べておくと、康永三年(一三四四)七月二〇日付の少弐頼尚書下写(『宗家御判物写 与良郡上』)[長崎県史編纂委員会 一九六三:五九三頁]によれば、頼尚は、「黒瀬権大夫入道々教中候塩木切開所々木場等事」につき、甲乙人の押領を停止することを、宗右馬入道に対して命じている。塩木とは、製塩に使用する燃料用の木材と考えられる。この相論から製塩のために山々の木の伐採が進み、伐採した場所が木場＝木庭（焼畑）として耕地になるという開発の過程をうかがうことができる［佐伯　一九九八：一二〇頁］。

次に、宗貞国の発給文書をみると、従来と同様に公事に関する記載が多い。小田豊前守は、文明六年（一四七四）二月五日付の宗貞国書下（二九号）において二六・二七号文書と同文で諸公事が免許されている。また年未詳八月二二日付の宗貞国書下（三一号）では、限りある公事を先規を守って勤仕すること、年未詳八月二二日付の宗貞国書下（三二号）では「八海の大物」は代々御成敗の旨に任せることを催促されている。公事や八海の大物を小田（大山）氏が負担することは、従来と変更はない。

新たに目につくのは、屋敷地などが安堵されていることである。文明六年（一四七四）閏五月九日付の宗貞国書下（三〇号）では、「めうゆう《（妙祐）》かいやしき《（居屋敷）》一ヶ所」と「ひさけのかわちの内ひへたかつくり《（作）》の分」の両所が小田将監に扶持されている。後者については、長享二年（一四八八）四月二七日付の国次寄進状（三四号）によれば、「おうやま《（大山）》れいせん□《（いん）》」に寄進されている。

⑷　一六世紀前半　公事と坪付

一六世紀になると、従来の漁業・交易に関する公事の免除と、田地・居屋敷への賦課の両方がみられるようになる。このことは、守護代宗国親発給の四通の文書から知ることができる。守護宗材盛《きもり》の意を受けた二通の遵行状は、前者を免除したものである。文亀四年（一五〇四）六月一六日付の宗国親遵行状（三七号）では大山地下における「舟のうりくち《（売口）》かい《（買）》口」が小田宮内大輔（盛永）・同親類中に免許されている。永正六年（一五〇九）八月二二日付の宗国親遵行状（三八号）では、小田左馬助の「御しうそ《（愁訴）》」によって「塩　御はん《（判）》の公事物」と「六地の一俵物」とが扶持に加えられている。

永正一二年には、次の二通の宗国親書下が、小田宮内大輔盛永あてに発給されている。

〔史料14〕宗国親書下（三九号）

大「この」瀬内浜より上の「田」ふちニいたつてもろひら共ニ、ならひニつきの木のさへワミをとをして、大山之御寄合中ニ被渡遣候者也、

一、大山之内妙祐かいやしき《（居屋敷）》之事、毎「年」加地子弐百文、可有奔走之由申定候、聊不可有御無沙汰候、仍為後日之状如件、

永正十二乙亥（一五一五）　宗摂津守

八月廿六日　国親（花押）

小田宮内(盛永)大輔殿

〔史料15〕宗国親書下(四〇号)

御親父譲分のつほ(坪)付

一所　ふきはたけ

一所　たけのよりあいはたけ

一所　梅の木はたけ

一所　くさ島

一所　しからき

一所　大このせのうちつきの木さゑ

一所　犬つか田

一所　又二郎きようたい(兄弟)のいやしき(居屋敷)

右、かの所々之事、親父の譲のまゝ、無相違御知行あるへき者也、仍状如件、

永正十二(一五一五)己亥

九月一日　国親(宗)(花押)

小田宮内(盛永)大輔殿

〔史料14〕の前半では大山寄合中の知行地を承認し、後半では妙祐の居屋敷に対して毎年加地子二

〇〇文の「奔走」が命じられている。〔史料15〕は、大山小田文書の中で唯一、坪付を示したものであるが、小田盛永が畠・田・居屋敷を親父から相続することを承認されている。

このように一六世紀になると、坪付のような詳細な土地に関する文書が含まれている。宗氏の島内支配が安定するにつれて、海の領主大山氏も、土地を介して宗氏の給人としての地位を確認していくようになるのである。

三　島内各地の所領表記と公事

一・二節では、大山小田文書の記載内容の変化を通じて、課役や所領などについて考察してきた。ここでは、他の文書群から、耕地に関する諸職や、所領表記の特徴について述べておきたい。

(1) 耕地に関する諸職の設定

耕地に関して、下作職《げさくしき》や下地職《したじしき》などの諸職が設定された事例がいくつかある。

長岡家文書（対馬市豊玉町仁位　長岡豊明氏所蔵）の暦応二年（一三三九）八月二三日付の宗宗慶書下〔豊玉町教委　一九九五：二五〜二六頁〕は、宗宗慶が、宗まさ入道の跡の畠地を、宮師房かくけいに宛行ったものである。宛行ったものは、畠地の下作職以下であり、地子以下を公事として務めることを命じている。ここでは、畠地に対する下作職が設定され、また地子が公事として賦課されている。

長禄三年(一四五九)六月一日付の宗成職安堵書下写(『給人百姓御判物写帖』古里村)〔長崎県史編纂委員会　一九六三：八四頁〕では、下知職(下地職)が見える。古里《ふるさと》村は、現在の対馬市上対馬町古里にあたる。宗成職が、給人薗田帯刀の買地(田の畔〈くろ、あぜ〉の麻畠、田など)を安堵したもので、給人としての公事を務めることを命じている。薗田帯刀が、安堵された所領の下知職(下地職)を持っていることを記した折紙を持っていることから、その知行を保障している。なお、その後、宗貞国(年未詳八月二三日付　宗貞国安堵書下写)・宗晴康(天文二一年〔一五五二〕一一月一〇日付　宗晴康安堵書下写)によって、所領の下地職が安堵されている(『給人百姓御判物写帖』古里村)〔長崎県史編纂委員会　一九六三：八四～八五頁〕。

文明七年(一四七五)一二月八日付の宗貞国安堵書下写(『三根郷御代々御判物写』吉田村　善光寺)では、宗貞国が、如意庵香梅老禅師に対して下地職を安堵している。田畠等の公事を給人に納めることを命じているが、「くわんのなかひらの茶ゑん(薗)」には公事は課されていない。吉田村は、現在の対馬市峰町吉田にあたる。

(2) 所領の表記

本章「はじめに」において、対馬の中世文書の様式を挙げておいた。そのうち所領を具体的に書き上げているものは、安堵状・遵行状・寄進状などだが、特に坪付の内容は詳細である。『長崎県史』〔長崎県史編纂委員会 一九六三〕所収の「宗家判物写」を通覧すると、一五世紀以降、所領の記載が詳細になり、坪付が頻出するようになるのは一六世紀のことである。このことは、宗氏の島内支配の中で、土地への知行が深化してきたことの現われといえるだろう。

所領となる耕地の記載は、畠が圧倒的に多く、木庭(焼畑)も目につく。対馬市豊玉町の場合、『豊玉町史』〔豊玉町教委 一九九五〕所収の文書をみる限りでは、この傾向が顕著である(一部、対馬市峰町域の畠地なども記載されている)。

その中には、次のように田地や畠地を貫文で表記している場合もある。

〔史料16〕宗貞茂知行宛行状(対馬番家〔小宮家〕文書)〔岩城・小島 一九九二:一九四頁〕

対馬島井な《(伊奈)》郡さいちやう地内二反井な崎五百文、同郡仁田田地分一貫五百文、同村畠地五百文、

此所之間之事、為給分所宛行也、任先例可被沙汰状如件、

応永六《(一三九九)》

十二月八日　　　　貞茂(花押)

小宮六郎殿

さらに「斗」「升」が表記されている場合がある。

対馬市厳原町豆酘《つっ》に所在する金剛山金剛院(長安寺)は、真言宗の寺院で、中世以来、宗氏の帰依

を受けている。中世では、事俣大師堂とよばれていた。対馬守護宗氏の歴代から、同寺に対して寄進状や安堵状が発給されている。金剛院文書については、早稲田大学水稲文化研究所が、悉皆調査と整理・保存作業を行っており〔吉田 二〇〇七〕、また『豆酘郡御判物写 永泉寺・金剛寺・耕月庵分』に、近世の写が収められている〔長崎県史編纂委員会 一九六三：七〇三〜七〇八頁〕。同文書をみていくと、応永一七年（一四一〇）八月六日付の宗貞茂寄進状によって、「対馬島酘豆郡事俣之大師堂作分畠地等、壱斗五升作分事、同水たり《（垂）》」の畠地が、大師堂方丈あてに寄進されている。宝徳二年（一四五〇）二月二三日付の宗貞盛書下において、初めて宛所に金剛院がみえる（以下の文書も宛所は金剛院）が、末代に至るまで「万雑公事等」が免除されている。宝徳三年（一四五一）一〇月一七日付の宗貞盛寄進状では、寄進された「畠一斗五升作、同うりな之畠一斗五升作、又水たれ《（垂）》之畠一斗之作」を安堵している。以下の文書においても、大師堂畠地やうりなの畠は一斗五升、また水垂の畠は一斗と表記されている。

寛正三年（一四六二）二月六日付　宗茂世書下（大師堂畠地の記載のみ）
寛正三年六月二九日付　宗成職寄進状
永正一六年（一五一九）一〇月三日付　宗義盛寄進状

永正一六年一〇月三日付の宗義盛書下は、豆酘郡内の「かめのくひの畠」と「舟越畠三斗作」に対する金剛院の知行を安堵している。

年次は下るが、対馬市豊玉町仁位の長岡豊明氏所蔵文書には、天正一〇年（一五八二）八月二七日付の上津八幡宮神領坪付注文の冒頭部分に、次のような記載がある〔豊玉町教委 一九九五：三三頁〕。

〔史料17〕上津八幡宮神領坪付注文

　　木坂之村之神所之次第

天正拾年（一五八二）壬午八月廿六日注文

上津八幡宮御神領坪付之注文

一、山参拾参蔵狩之事、

一、浦浜玖浦之所之事、

一、伊津捌丁之事、

一、木坂陸丁之事、

　　右、此内相抱之人数次第不同

一所、みたらいの畠二丁半、嶋居勢兵衛尉持留、

一所、やりのさへの畠壱丁、同前、

一所、ひとつかのさへのこは（木庭）一斗五升蒔、同前、

一所、しひるの木庭、四斗蒔、同前、（下略）

山の蔵狩（狩蔵）や浦浜などが書き上げられた後、畠や木庭の記載が続く。ほとんどが畠や木庭・

木庭畠であり、畠は「丁」でその面積が示され、木庭については「斗蒔」「升・斗蒔」が付されている。

この点に関して注目されるのは、鈴木哲雄氏による常総地域の「ほまち」史料の考察である［鈴木二〇〇二］。鈴木氏は、山口常助・古島敏雄・永原慶二・根本(斎藤)茂各氏らの諸研究を出発点として、下総国の香取文書や常陸国の史料から「ほまち」史料を収集した。鈴木氏は、「ほまち」は常総地域において中世を通じて存在した耕地であり、例外的な存在とみることができないとする。次に鈴木氏の結論の一部をあげてみよう。

①「ほまち」とは、低湿地や谷田などの湿田に作付けされた稲作耕地である。また「ほつく」は田畠の両方があり、田地の場合にはその多くが湿田に作付され、畠地の場合は屋敷の際などに作られたものであり、「ほつく」こそは、実際の耕作民の生活に密着した開発地であった。

②「ほまち」や「ほつく」には、「小規模」なものが多かったが、中には二斗蒔や一斗五升蒔など、換算すれば一段一二〇歩や一段にあたる「ほまち」も存在していた。

③「ほまち」の丈量方法として重要なことは、「一枚・一所・一」と表記されたことよりも、斗蒔や升蒔などという播種量によって表示されたことに意味があり、「ほまち」とは湿田における直播耕地の一形態であった可能性がたかい。また、「ほまち」は畠地における播種法と密接にかかわるため、「ほまち」と畠地が一括される場合もあった。

本章との関わりからいえば、③が重要であり、常総地域の「ほまち」・「ほつく」と対馬の畠・木庭(焼畑)との間の共通性を見出すことができる。対馬では、直播耕地である畠・木庭(焼畑)は、「一所」や播種量で表示されるケースが多く、しかもそれらが主要な耕地であったのである。

おわりに

大山小田文書の検討を通じて、課役の内容とそこからうかがえる百姓(対馬島民)の生業や、所領のあり方について論じてきた。

対馬の百姓の多くは、海に囲まれているという特性を生かして製塩や漁業・交易に従事していた海民であった。海の領主大山(小田)氏は、そのような生業に従事する百姓を掌握していた。鎌倉時代末期、大山氏は少弐氏に対して年貢(塩)・網の用途(銭)・公事を納入した。これらの課役は、荘園公領制のもとでの海民に対する課役と、基本的には変わるところはない。

一四世紀後半、宗氏による対馬支配が本格化すると、宗氏は、大山氏を通じて網人ら百姓の掌握をはかり、高麗との交易船に賦課する高麗公事を、大山氏に対して免除している。一五世紀になると、宗氏は、浦や山における大山氏の所領を安堵するようになる。一五世紀前半は、宗氏は大山(小田)氏に対して、百姓からの公事の徴収を徹底させ、また大山氏に大型の漁獲物を上納させた。

一五世紀後半、公事は多様化するが、大山氏は多くの公事を免許（免除）される特権を得ている。一六世紀前半、小田氏は、従来の漁業・交易に対する公事が免除される一方、坪付が作成されて、細かく知行地が安堵されるようになった。海の領主大山氏も、耕地や屋敷地などの土地を宗氏から安堵されて、その給人となったのである。

三節では、下作職・下地職が設定されている例を紹介した。また所領表記の類型として、「一所」表記・貫文表記や「斗」「升」表記があることを指摘した。「斗」「升」表記については、常総地域の「ほまち」との共通性を見通した。

このように、少弐氏や宗氏は、対馬の特性に応じた課役を百姓に賦課することで、支配を行っていた。一四～一五世紀は、海民たちの漁獲物や塩・交易品に対して公事や年貢を賦課しようとしたのに対し、一六世紀になると、細かく知行地を設定するようになり、生産物・交易品への賦課から耕地への賦課へという傾向がみえる。また百姓に賦課する際に、中世日本の荘園公領制にみられる公事や諸職などを、対馬の実態に合わせて設定している点にも特徴がある。また彼らが発給した文書は、日本の中世文書の様式や文体で表記しており、支配のための文字世界からみれば、対馬は日本の領主による実効支配が行われていたと評価できる。

対馬の耕地は、山がちの地形から、狭小な田畠や木庭（焼畑）が多く、畠・木庭（焼畑）の耕作は直播であり、生産力は高いとはいえない。これらは、耕作民の生活に密着した開発地であったといえるが、この点は対馬に限ったことではなく、日本の東国における耕地とも共通する側面が見いだせる。日本中世の農業の一端を、対馬から垣間見ることができるのではなかろうか。

第5章　三浦と対馬の倭人

はじめに

前章では、対馬島内に視点をおいて、対馬を支配する宗氏と島民との関係の一端を探ったが、本章では、対馬島の外、特に、一五～一六世紀、朝鮮半島の三浦《さんぽ》という場に視点を移し、その地を拠点に活動する対馬島民らの倭人と、朝鮮王朝や対馬宗氏の対応について検討する。

三浦とは、一五世紀前半に朝鮮王朝が、倭船の停泊地として朝鮮半島南部に指定した三つの港(浦所《ほしょ》)のことであり、薺浦《チェポ》(乃而浦《ネイポ》)・富山浦《プサンポ》(釜山浦《プサンポ》)・塩浦《ヨンポ》をさす。現在の大韓民国における所在地は、薺浦は慶尚南道鎮海《キョンサンナンドチネ》市熊川《ウンチヨン》洞、富山浦は釜山直轄市、塩浦は慶尚南道蔚山《ウルサン》市塩浦洞である。

三浦には、日本からの使節など多数の倭人(朝鮮側の呼称)が入港し、居留する人々（恒居倭《こうきょうわ》)も多数現れる。恒居倭の多くは、対馬島民であり、その活動は境界人としての側面を強く持っている。

三浦に関する研究を振り返っておくと、戦前に武田勝蔵氏や三浦周行氏が、三浦の歴史および宗氏と朝鮮王朝との間に結んだ約条を紹介している［武田 一九二二、三浦 一九三〇］。小田省吾氏は、倭館の現地比定を試みながら、丹念にその変遷を論じ［小田 一九二九］、中村栄孝氏は、三浦の乱の分析をする前提として、基本的な史実や論点を網羅し、以後の研究の基礎を固めた［中村 一九六五de・一九六九b］。また佐伯弘次氏は、対馬と朝鮮との関係を論じる中で、一五世紀中～後期における宗氏による三浦支配に言及し、三浦は対馬島主・対馬島人にとって対馬島の延長にあったと評価した［佐伯 一九九〇］。国境をまたぐ地域で活躍する倭人の活動（一四～一六世紀）を知る上で、三浦という舞台に注目し、倭人の活動や、三浦の法的位置などを活写したのが村井章介氏である［村井 一九九三］。私も先学の成果に学びながら、特に倭人の海上における活動を視野に入れて、三浦に関する考察を試み［関 二〇〇二］、また張舜順氏は倭館の成立過程を論じ、倭館の起源を高麗時代の金州《キムジュ》（金海《キメ》）にあった「金海倭館」とし、朝鮮時代の倭館の起源は東平館（後述）とする［張舜順 二〇〇一］。

近年、精力的に三浦の考察を進めているのが、李泰勲氏である。李氏は、恒居倭の刷還《さっかん》（送還）、恒居倭に対する検断権の行使、恒居倭への課税や、宗氏による恒居倭の支配体制について、史料を丹念に収集して緻密に検証し、従来の見解を修正している［李泰勲 二〇〇五・二〇〇六・二〇〇七、李・長 二〇〇六］。

本章では、李氏の指摘に基づき、旧稿の論旨を一部改めているが、次の二点を課題としたい。

第一に三浦を港町としてとらえ、その景観や倭人の活動について検討したい。第二に、朝鮮王朝や対馬守護(島主)宗氏の三浦や倭人たちへの対応や、その論理を検証し、三浦という場と公権力との関係や矛盾点を明確にしたい。

第一点についていえば、すでに中村栄孝氏が三浦を「国際的港湾都市」[中村 一九六五d]と評価しているが、倭人たちによる港町の形成過程をある程度追うことができるという特徴を持っており、また『海東諸国紀』の絵図から、三浦の景観にも触れておきたい。

また三浦が主な考察の対象となるものの、本章では朝鮮の慶尚道南岸、全羅道《チョルラド》南岸、島嶼部という地域も視野に入れておく。この地域は、村井章介氏が三浦を中心に設定した「国境をまたぐ地域」[村井 一九九三]、藤田明良氏が対馬島民の「海峡をまたぐ生活圏」[藤田 一九九八]として想定した場とほぼ一致し、私はこの地域を「朝鮮半島南岸海域」と設定している[関 二〇〇二]。

一　三浦の成立と恒居倭

(1) 漢城の倭館

日本からの使節(使送倭人)を接待するために、首都漢城《ハンソン》(ソウル)には、一四〇九年に東平館・西平館とよばれる倭館がつくられた[村井 一九九七b]。京家を有償で接収し、その材木や瓦を用いて造られたものである(『太宗実録』九年二月己亥条)。なお、琉球使節は東・西平館で接待されたが、そのほかに明の使節のための太平館、女真の使節のための北平館もあった。

その後、一四三四年に東・西平館は合わせて一館とする措置が検討され(『世宗実録』一六年六月己巳条)、また墨寺が使節の滞在施設に加えられたが、一四四五年に東西活人院が創設されたのにともない、墨寺は廃止され、その材木や瓦は倭館の修繕に使われた(同、二七年一一月丁丑条)。一方、東平館・西平館は一四三八年に東平館一所・東平館二所とされた(同、二〇年三月壬辰条)。これらの措置は、密貿易を防止するための方策の一環であった[村井 一九九七b]。

(2) 三浦の成立

当初、朝鮮側の入港場には制限がなかったため、使送倭人・興利倭人は、慶尚道のさまざまな港(浦所)へ来航した。そのため朝鮮王朝は、一四〇七年以前に、興利倭船の到泊(停泊)する浦所を、慶尚左道の富山浦(釜山浦)、右道の薺浦(乃而浦)に限定した。その後、一四一九年、朝鮮軍が対馬を襲撃した応永の外寇(己亥東征)を境に、使送倭船の停泊も二港に限られた。一四二六年、対馬の早田《そうだ》左衛門大郎は、慶尚道の巨済島に農田一区を請い、慶尚左右道の各浦所で、任意に交易できることを求めた。この要求は拒否されたが、かわりに塩浦が入港場に追加された(『世宗実録』八年正月癸丑条)。

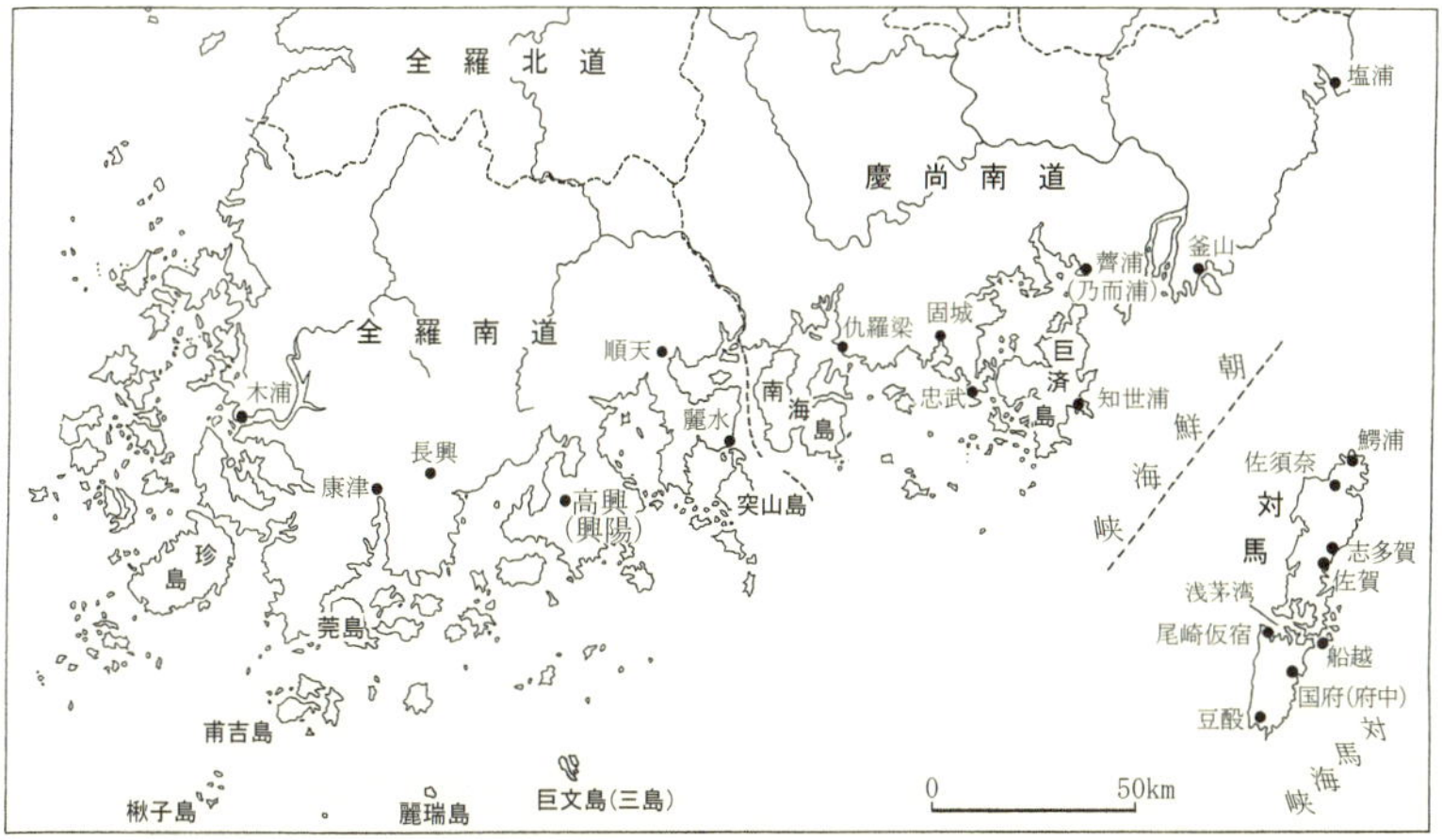

第1図　朝鮮半島南岸地域（関2002：122頁）

(3) 恒居倭とその刷還

三浦に滞在する倭人は、使送倭人や興利倭人で、あくまでも行程の途上もしくは交易のために滞在するのが原則であった。しかし、現実には、居所を構えて長期間居住する人々が現れた。朝鮮側は、彼らを恒居倭と呼んだ。恒居倭の多くは、対馬島民であった。

一四二〇年代半ば以降、恒居倭は急速に増加した。一四二四年から一四三四年までの間に薺浦(乃而浦)に来居する倭人の数は、男女合わせて三六〇人にものぼり(『世宗実録』一六年八月己酉条)、一四三四年現在で、興利倭人六百余名が乃而浦(薺浦)に居住し、富山浦も同様な状況であったという(同、一六年四月戊辰条)。

朝鮮側は恒居倭の増加に危機感を強めた。一四三〇年、慶尚左道処置使は、対馬島に近接している富山浦・塩浦に「貨倭」(興利倭人)が居住するならば、男女一〇〇人が何年にもわたって浦に留まり、ことごとく朝鮮語に通じ、朝鮮の軍卒と雑居することになり、朝鮮側の兵備の実態や船楫の性能などが知られてしまうことを恐れている(『世宗実録』一二年四月辛巳条)。一四三五年、慶尚道監司(監司は、観察使の別称)は、「乃而浦に来接する『倭奴』(対馬島民ら)は日増しに増え続け、数年の間に数百戸にのぼるだろう。そうなれば自宅の居間に『虺蛇《きだ》』を飼っておくようなもので、危険極まりないから、すぐに本土(対馬)に還し、後悔を残すことがないようにすべきである」との意見を述べている(同、一七年七月己丑条)。中村栄孝氏は、「虺蛇」を「ウワバミ」と表現している[中村 一九六五e]。

そこで朝鮮王朝は、一四三六年、対馬守護(対馬島主)の宗貞盛に対して恒居倭の刷還(送還)を依頼した。その結果、薺浦(乃而浦)から二五三人、塩浦から九六人、富山浦から二九人を対馬に送還したが、貞盛が滞在を要請した者六〇人と、なお居住を願った者二〇六人は許されてそのまま居住した(『世宗実録』一八年三月乙未条)。こうして合計三七八人の倭人の送還は実現したが、宗貞盛管下の恒居倭六〇人は朝鮮王朝から公認された。この六〇人の居留は、あくまでも暫定的なものであり、一四三九年、島主管下六〇人以外の不法滞在者の刷還交渉の中で、朝鮮側に恒久的に公認されたものと同様に扱われた[李泰勲 二〇〇五]。宗貞盛管下の者たちが三浦に居住できたことは、宗氏による三浦恒居倭に対する支配の起点になったと考えられる[関 二〇〇二]。

第１表　三浦の人口動態

年代	薺浦		富山浦		塩浦		計	
	戸	口	戸	口	戸	口	戸	口
1466	300	1200余	110	330余	36	120余	446	1650余
1474	308 (11)	1722	67 (2)	323	36 (1)	131	411 (14)	2176
1475	308 (11)	1731	88 (3)	350	34 (1)	128	430 (15)	2209
1494	347 (10)	2500	127 (4)	453	51	152	525 (14)	3105

（　）は寺院数　［村井 1993:85 頁］

その後も恒居倭の数は増え続け、一四五〇年、乃而浦・富山浦・塩浦に来居した倭人は、二千余人にのぼる（『文宗実録』即位年一〇月辛卯条）。対馬では宗貞盛管下の六〇人を六〇戸と拡大解釈して、朝鮮側にも認めさせたが、朝鮮側は恒居倭の増加に対して、再三宗氏に送還を求めている［李泰勲 二〇〇五］。一四七五年には、対馬州代官仇羅都老（九郎殿）によって、薺浦二六戸・釜山浦五戸・塩浦一三戸の計四四戸・人口一〇〇人の送還が実現した（『成宗実録』六年一一月庚午条・一二月辛巳条）が、三浦の戸数・人口からみて、ごくわずかの人数を送還したに過ぎなかった。

では、三浦にはどのくらいの人々が住んでいたのだろうか。朝鮮側は、何度か三浦の戸数・人口などを調査している。一四五五年（世祖元）の時点で、薺浦の倭人（恒居倭）は九二戸、四一六人で、老年・弱年を除き、壮勇者は一一四人、各地の使送倭人で薺浦に留まっている者は二〇一一人であった（『世祖実録』元年七月乙未条）。

その後の各浦の戸数・人口（恒居倭）・寺院数については、中村栄孝氏の整理［中村 一九六五b］に基づき、村井章介氏が作成した表［村井一九九三]を、第1表として掲げた。一四七四年のデータは、後述する『海東諸国紀』の絵図に付された説明、他は『朝鮮王朝実録』の記事に拠る。薺浦は、一四六六年から一四九四年までの三〇年足らずの間に、五〇戸近く増加し、人口は二倍以上になっている。富山浦は、一四七〇年代に戸数が減少し、人口も停滞気味だが、一四九四年の人口は、七五年よりも約一〇〇人増加している。塩浦はほぼ横ばいだが、一四九四年の時点までには戸数・人口が微増している。三浦全体としては、一四六六年の一六五〇人余りから一四九四年の三一〇五人と、約二倍になっている。一五世紀後半(特に末期)における恒居倭の急増ぶりがうかがえる。

人口の内訳がわかる調査結果については、第2表に掲げた[大石・高良・高橋二〇〇一]。一四七五年の調査では、壮年の男女はほぼ同数であり、弱年が四分の一ほどをしめていることがわかる。一四九四年の調査は、いつの時点を基準にしているのか定かではないが、釜山浦・薺浦とも、第1表の一四七五年までの数字よりも少ない。これらの調査が、常に一定の基準で行われていたものではない可能性も高いが、この数字を信用するならば、三浦倭戸数や人口は、一直線に増加傾向を示していたのではなく、増減を繰り返していたことになる。

また恒居倭の所有する船の数について、一四九三年の朝鮮側の調査では、薺浦が八〇余艘、釜山浦が三〇余艘、塩浦は一五艘としている(『成宗実録』二四年閏五月辛丑条)。

一四七〇年代、宗氏の守護館があった府中(現、長崎県対馬市厳原町)の戸数は二五〇余戸であっ

第2表　三浦の戸数・人口の細目

慶尚道観察使の馳啓(『成宗実録』6年〔1475〕3月辛亥条)

釜山浦　元戸88内、寺3、
人口350内
壮男125、壮女132、老男6、老女8、弱男40、弱女34、壮僧5

薺浦　元戸308内、寺11、
人口1731内
壮男607、壮女605、老男33、老女19、弱男234、弱女187、壮僧41、弱僧5

塩浦　元戸34内、寺1、
人口128内
壮男42、壮女43、老男8、老女8、弱男14、弱女12、老僧1

李克均；慶尚道監司辞任時の来書(『成宗実録』25年〔1494〕10月庚辰条)

釜山浦倭	74戸	男134、女149、寺社3、僧人5
今加	53戸	男 72、女 91、寺社1、僧人2
(合計	127戸	男206、女240、寺社4、僧人7)
塩浦倭	51戸	男 70、女82
薺浦倭	204戸	男女　741、 寺社10、僧人40
今加	143戸	男女 1719
(合計	347戸	男女 2460、 寺社10、僧人40)

たから(『成宗実録』七年七月丁卯条)、恒居倭の多かった薺浦一所だけで、府中をしのぐ規模をもっていたのである。

第1・2表で示したように、三浦の中で最も戸数・人口が多く、繁栄していたのが薺浦である。それに比べて、一五世紀末における塩浦の衰退ぶりは、深刻であった。一四九三年、日本からの使節を接待する宣慰使として塩浦に派遣された侍講官成世明《ソンセミョン》は、次のように報告している。

客館(倭館)で日本からの使節(使送倭人)のために宴を設けようとしたところ、客館は狭く、窓・壁は破れ、接客することができなかった。やむを得ず城中で宴を設けたところ、その宴の時に用いた床や食器もまた壊れたものや欠けたものが多かった。そのような客館の状況のため、城外の仏舎（寺院）もしくは恒居倭舎に倭使を泊めたという（『成宗実録』二四年一〇月丙寅条）。

二　三浦の景観

(1) 三浦の絵図

三浦の絵図（第2図）が、申叔舟《シンスクチュ》『海東諸国紀』（一四七一年成立）に収められている。この絵図は、一四七四年（成宗五・文明六）に追加されたものである。以下では、村井章介氏の研究に学びながら、絵図の記載事項を確認していこう［村井 一九九三］。

「熊川薺浦之図」をみると、下方に大きく入江が入り込み、その右側に密集した屋根がみえる。これが恒居倭戸（倭人の家屋）である。現在では、鎮海市《チネ》齋徳洞《チェドク》槐井里《クエジョン》（通称は外渓《ウエゲ》）にあたる。接待所・商館である倭館と、都万戸（武官職）の駐在する役所（万戸営）である営庁の記載がある。営庁は、現在の齋徳里（通称は内渓《ネゲ》）にあたる。倭戸の東側には、一一の四角の中に寺院名として、禅福寺・江福寺・長松菴・観音寺・慶雲寺・朝音寺・陳明菴・荒神菴・正明寺・安養寺・仏寺（絵図の作成者が寺院名を知らなかったものか、もしくは建設中であったか）が記載されている。これらの寺院は、倭人によって建てられたものとみられる（他の浦所も同様）。寺院のあった地は、現在段々畑のある平

第2図　『海東諸国紀』三浦の図

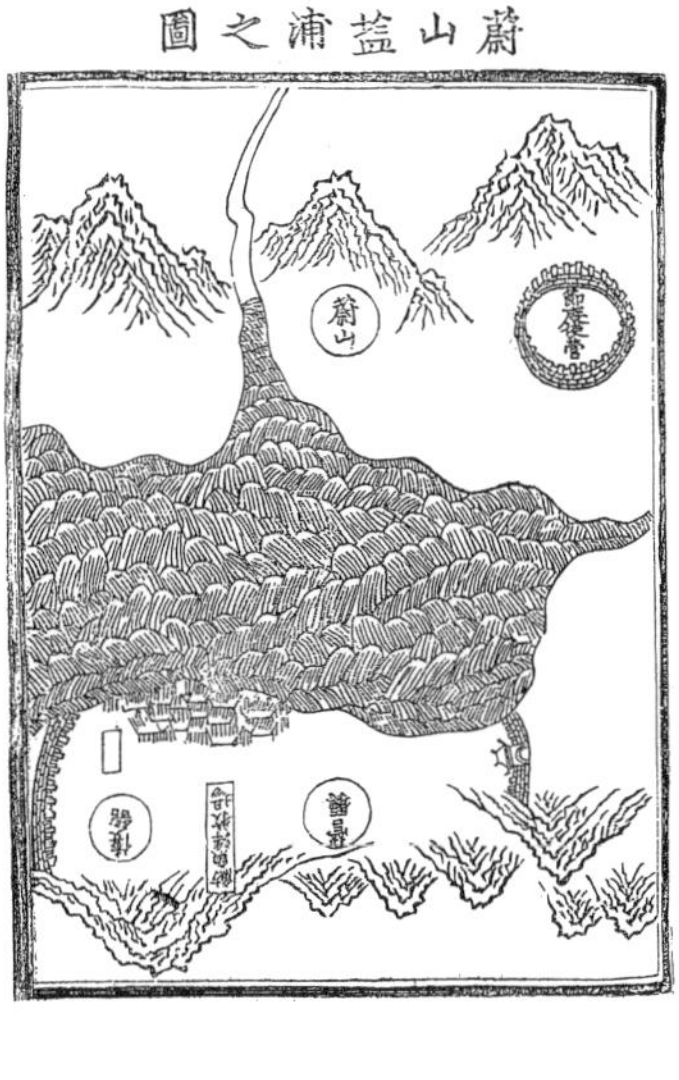

薺浦の風景（1992年撮影）

場になっている。

絵図の上方（齋徳里の東北方面）には、熊川官《ウンチヨン》が描かれている。これは、薺浦を行政上監督する熊川県城であり、現在も東面・西面と南面の一部に、城壁がよく残っている。

下辺の陸地は巨済島《コジェド》で、知世浦《チセポ》・玉浦《オクポ》・永登浦《ヨンドゥンポ》が記載されている。いずれも水軍万戸の所在地である。

薺浦については、大韓民国東亜大学校（釜山市）の調査が行われ、薺浦の入江において木柵が確認されている。朝鮮王朝時代の陶磁器（粉青沙器）や青銅製の匙、銅鏡、船舶の部材などが出土している〔東亜大学校 一九九九〕。遺物の一部は、同大学の博物館において展示されている。

また近年、江原道《カンウォンド》大学校の孫承喆氏や柳在春氏らにより、薺浦の踏査が行われ、土城を確認し、

富山浦の風景（1992 年撮影）

倭館跡を調査している。この土城は、絵図では、熊神峴という峠を越える道路の左右稜線、すなわち営庁の裏側の山と倭館の上部にある木柵のような記号にあたる[孫二〇〇九]。

「東莱富山浦之図」では入江に面して倭戸が密集し、見江寺・憩月菴が見える。その左側の小山は、現在の子城台《チャソンデ》にあたる。子城台は、豊臣秀吉の朝鮮侵略が行われた一五九三年、毛利秀元らがつくったもので、釜山倭城の子城である。その北側に倭館、さらに西に営庁がある。右上には、東莱官の記載がある。下辺の折英島《チョヨリヨンド》は、絶影島《チョヨリヨンド》のことである。

「蔚山塩浦之図」では、中央に描かれた入江の下側(東側)に倭戸が描かれ、その下側に倭館・営庁が描かれ、魴魚津《パンオジン》牧場の記載がある。空白の四角は、寺院名を書き忘れたものであろう。南北に

塩浦の風景（1992年撮影）

堅固な城壁が描かれているが、村井章介氏は、この城壁は牧場時代からあったものではないかと推測する［村井 一九九三］。現在、塩浦の地は埋め立てられ、現代自動車の工場の敷地内である。

以上の絵図から読み取れるように、各浦所はいずれも、深く入り込んだ湾、倭人の住居、寺院がセットになった港町である。このうち住居と寺院が、倭人によって作られたものである。図の中には、朝鮮人の居住区域はない。おそらくどの浦所も以前は、朝鮮人の集落があったのであろうが、倭船の停泊地に指定したことによって、倭人との接触を恐れた朝鮮王朝が集落を移動させたものと思われる。この王朝の政策は、倭寇対策として、朝鮮半島南岸海域の島の住民を移住させた空島化政策［村井 一九九三、藤田明良 一九九八］や、朝鮮に帰化した投化倭人を内陸に住まわせようとした政策

第3表　三浦の火災に対する朝鮮王朝の対応［関 2002:134頁］

浦所・失火の戸数	朝鮮側の対応	典　　拠
乃而浦留住倭37戸	穀物支給	『世宗実録』11年1月庚申
薺浦恒居倭幕	存恤	『世祖実録』4年閏2月庚辰・辛巳
薺浦住倭38戸	賑恤	『世祖実録』7年3月己酉
薺浦恒居倭30戸	衣糧支給・造家	『世祖実録』8年4月庚午
富山浦所居倭人	一人あたり三斗の給米	『睿宗実録』元年3月癸巳
釜山浦倭80余家・薺浦倭300余家・塩浦 数家	築墻して防火 酒肴・官穀の支給	『成宗実録』5年1月庚戌・癸丑、2月甲申、10月戊子
薺浦恒居倭68戸	塩醤・雑物の支給 米の支給	『成宗実録』7年11月癸丑 ・己未
薺浦倭	賑恤饋慰	『成宗実録』9年11月癸酉
薺浦	賑救	『成宗実録』14年3月戊午
薺浦居倭里	救火	『燕山君日記』3年11月甲子
釜山浦倭戸	宣慰賑恤	『燕山君日記』6年3月己未

［関二〇〇二］と通じるものであろう。

一方、第2表の僧侶の数からみて、寺院は簡素な施設（村堂クラスか）であったろう。便宜的に僧侶（壮僧・弱僧・老僧、僧人）のみを、寺院の構成員と考えると、一四七五年、釜山浦では寺三に対して壮僧が五名、薺浦では寺一一に対して壮僧四一・弱僧五名（計四六名）、塩浦では寺一に対して老僧一名である。一四九四年、釜山浦ではもともとあった「寺社」三に対して僧人五名、増加分の「寺社」一は僧人二名、薺浦では「寺社」一〇に対して僧人四〇名である。寺院一つにつき、釜山浦・塩浦は平均約一～二名、薺浦は約四名である。

倭人の家は密集しているため、火災が多かった（第3表）［関二〇〇二］。特に一四七四年の火災は大規模なもので、釜山浦倭八〇余家・薺浦倭三〇〇余家・塩浦数家に被害が及んだ（『成宗実録』五年正月庚戌条・五年二月甲申条）。

この火災に際して、申叔舟は、薺浦の倭人の家について、「倭人の家の形は、土室の如く、土壁・茅葺きである。そのため焼いても財産に傷はない。ただ土地は狭く人は多く、その家は魚の鱗のように立ち並んでいるので、いったん火が出ると延焼してしまう」と述べている。そして熊川から帰ってきた役人は申叔舟に対して、「薺浦の万戸営は、倭居と連接しており、垣根もないので、ほとんど官府の体をなさない。もし倭居が失火すれば、恐らくは延焼の危険性さえある。営のまわりを垣墻（障壁）で囲んで、門関を設けるのがよい」と語っている（『成宗実録』五年正月庚戌条）。

(2) 倭館の設置

三浦には、接待所・商館である倭館が設置された。一四二三年、乃而浦（薺浦）・富山浦（釜山浦）に、船軍（水軍）に「館舎」と「庫廩《こりん》」（倉庫）を築造させ、器皿を備え、食糧・雑具を用意した。その出納供給は、金海《キメ》府・東莱《トンネ》県が担当した（『世宗実録』五年一〇月壬申条）。塩浦にも同様に倭館が置かれた（『海東諸国紀』「蔚山塩浦之図」）。

一四三八年には、倭人の不法行為を防止するために、「倭館」と「倭幕」（倭人の家）の周囲に「木柵」と「外囲」という二重の障壁を設け、西と北の二ヶ所に門を作り、常住の「把守」（門番）が出入りの人数を計った（『世宗実録』二〇年正月壬辰条）。

倭館の組織や機能を確認しておこう。倭館は、使送倭人たちの接待所もしくは商館としての機能があった〔村井 一九九三〕。倭館の職員としては、「(倭館)監考」「鎮撫」や「(倭)通事」(通訳)を確認できる(『世宗実録』二二年〔一四四〇〕五月丁卯条)。また営庁は、軍官である都万戸が駐在する役所(万戸営)であり、釜山浦僉使《せんし》(僉使は僉節制使の略称。都万戸の後身)や薺浦僉使がいた。

倭人に対応するために、朝鮮王朝は、倭通事や、倭語の習得者を配置した。一四三〇年、倭人が停泊する各浦に配置された船軍には、年少にして敏なる者を選び、倭語を伝習させることを決めた。乃而浦・富山浦は各一〇名、塩浦は六名とした(『世宗実録』一二年一〇月戊寅条)。また薺浦・富山浦には倭学訓導が置かれていた。倭学訓導は、諸外国語の通事を掌る司訳院の一職で、正九品である。一四六九年、熊川・東莱両邑に分置し、学舎を建てて、訓導および僕従・馬料を、地方の諸邑に設けられた学校である郷校の例によることになった(『睿宗実録』元年八月甲寅条)。また一四七三年には、蒙・倭・女真の三学訓導は、漢学訓導の例により、月ごとに交替することになり、慶尚道薺浦・釜山浦倭学訓導らは、諸邑訓導の例により、月ごとに交替することになった(『成宗実録』四年六月癸未条)。また使節につく「郷通事」の存在も確認できる〔村井 一九九三〕(たとえば、『燕山君日記』三年〔一四九七〕正月戊辰条。この記事では、沈香《じんこう》を私易したことが問題になっている)。

倭通事は、「深処倭語」(九州など、対馬以外で話されている倭語)には通じていなかった。そのため、国王成宗《ソンジョン》は、礼曹に指示して伝習の節目を検討させている(『成宗実録』一〇年〔一四七九〕一〇月戊申条)。倭通事が専ら応対したのが、対馬島民ら(恒居倭や、偽使を含む対馬からの使節など)であったことによるのだろうか。

倭客を接待するために、奴婢が置かれていた。一四五四年、熊川県新設残邑の奴婢が少ないため、近傍の諸邑の典農寺の奴婢と「乱臣奴婢三十五口」を倭館に属させた(『端宗実録』二年一〇月癸巳条)。典農寺は、祭祀に用いる穀物を掌る官衙である。

倭館は、使送倭人らに応対する場であったが、さらに倭寇に拉致された朝鮮人(被虜朝鮮人)が倭館に逃げ込むことがあった。東莱県人車元吉《チヤウオンギル》の女子小斤《ソグン》は、かつて倭の捕虜になり、対馬島に五十年居住(一三八〇年頃、倭寇に捕らえられたとみられる)し、その間に娘や孫が生まれた。一四三〇年、子孫を率い、「商倭」に随ってきたが、「東莱倭館」に逃げ込んだ。「東莱倭館」は富山浦(釜山浦)に置かれた倭館のことである。倭人側からみれば、倭館は朝鮮王朝の官人に接触する場であるため、小斤らは自分たちの保護を求めて逃げ込んだのであろう。国王世宗《セジョン》は小斤らを車元吉らのもとに送り、衣粮を給することを決定した(『世宗実録』一二年八月癸巳条)。

三　倭人の活動――恒居倭を中心に――

(1)恒居倭の生活

ここでは、三浦を訪れる倭人(使送倭人以外の興利倭人・「商倭」ら)や恒居倭《こうきょわ》が、どのような生活をしていたのかを確認しておきたい[村井 一九九三]。

日本からの使節や興利倭船が入港すると、群がって客引きをし、また他の港からも酒を売りに来る者がいた。女は行商をなりわいとし、また遊女もいた。一方、男は漁業に従事するという性的分業が確認できる。その繁栄は、宗氏の居所(守護館)がある対馬の府中を大いにしのぐものであった。宗氏も日用の多くを三浦に依存していた(『太宗実録』一八年〔一四一八〕三月壬子条・『燕山君日記』九年〔一五〇三〕三月壬辰条)。橋本雄氏は、『朝鮮王朝実録』に散見する「主人倭戸」(たとえば『成宗実録』二四年〔一四九三〕閏五月辛丑条)は、問ないし商人宿とみなしている[橋本 二〇〇五：一五〇頁]。

倭人たちの拠点は、三浦の場にのみ限定されていたわけではない。周辺の海域における活動もみられる。

倭人の漁場は、三浦周辺・慶尚道沿岸の漁場が主であった[長 二〇〇二a、関 二〇〇二]。一四三五年(世宗一七)、対馬からの要請で、開雲浦《ケウンポ》(塩浦の南に位置[長 二〇〇二a])等の往来が許可され、船軍の同乗が義務づけられた(『世宗実録』一七年一〇月乙卯条)。ただしこの決定は実行されず、廃案にされた[長 二〇〇二a、李泰勲 二〇〇七]。

一四四一年、宗貞盛は、朝鮮王朝との間に孤草島《コチョド》釣魚《ちょうぎょ》禁約を結び、孤草島に出漁する対馬漁民に文引を与える権限を得た(本書2章参照)。長節子氏は、孤草島を現在の全羅南道の巨文島《コムンド》に比定

巨文島の風景（2001 年撮影）

している。この規定は、対馬島民を対象としたものだが、実際には恒居倭も孤草島に出漁している［長 一九九〇・二〇〇二a］。

三浦周辺を開墾する恒居倭もいた。一四三五年、戸曹の提案により、乃而浦の恒居倭人が新たに陳地（荒地）を開墾することを禁止せず、他例にならい収税することを決めた（『世宗実録』一七年一二月庚戌条）。ただし地租の収税は、実行されていない。一四九三年、慶尚道観察使李克均《イクツキュン》の報告によれば、熊川県より七里隔てた水島《スド》に、恒居倭人が墾田をして生活していて、ほしいままに自ら耕地を占有して耕作していたという（『成宗実録』二四年一一月丙申条）。

恒居倭の中には、貯穀を原資として、朝鮮人への高利貸を行う者もいた。その結果、恒居倭が田地の収穫を獲得し、朝鮮人がその税を代納することになり、倭人は日増しに富み、朝鮮人は日ごとに貧しくなったという（『成宗実録』五年〔一四七四〕一〇月庚戌条）〔村井　一九九三〕。

恒居倭の活動範囲は、しだいに三浦や規定の漁場をこえ、朝鮮民衆との交流を深めていく。慶尚道に赴任した官僚らは、次のような報告をしている。

①一四五五年、慶州《キョンジュ》府利見台《イギョンデ》以南の蔚山柳浦《ウルサンリュポ》には、塩浦の恒居倭人が漁船・商船を往来させていた（『端宗実録』三年閏六月己酉条）。

②一四五五年、薺浦の恒居倭人は、朝鮮人に魚・塩を販売し、互いに往来して酒と肉を用意して饗応していた（『世祖実録』元年七月乙未条）〔村井　一九九三〕。

③一四五八年、「島夷」（対馬島民）が「南民」（朝鮮半島南岸の民）を患わせ、また薺浦・富山浦・塩浦寓居の倭人は、約七・八百人に及び、他境に潜み、釣魚・行商を行い、人や財を掠奪し、民に甚大な被害を与えている。もし彼らに人をだまし、おとしいれようとする計略があれば、ひそかに本島（対馬島）に応じ、朝鮮側の虚実をうかがい知って、隙に乗じて変を起こすであろう（『世祖実録』四年五月辛亥条）。

(2) 倭人間のネットワーク

(a) 対馬―三浦

三浦の恒居倭は、対馬との間を頻繁に往来していた。一四七三年、国王成宗は慶尚右道兵馬節制使の報告に基づき、薺浦恒居倭の逃走に触れ、恒居倭人が本島(対馬島)とのあいだを往還していることに触れている(『成宗実録』四年一一月甲辰条)。

一四三六年、宗貞盛の使人井大郎の発言によれば、乃而浦に留居する倭人らが、対馬島の倭人とひそかに相通じて、小船を用意して海中の小島に到り、商船に分乗して、商倭を詐称して到来しているという(『世宗実録』一八年閏六月辛卯条)。一四四〇年、慶尚道観察使が、三浦禁防条件十箇条を挙げているが、その五条目に、商倭と使者が、兵器を持ってきて、近くの島にひそかに隠したり、ひそかに恒居倭人に托していることを指摘している(『世宗実録』二二年五月丁卯条)。

(b) 博多―対馬―三浦

博多の商人たちも、使節(使送倭人)として、もしくは貿易のため、頻繁に三浦を訪れ、対馬島民や恒居倭とも深く接触した。倭僧雪明《せつめい》の事例をあげておこう[村井 一九九三、佐伯 二〇〇三]。

彼は、博多の人であったが、一四歳の時、対馬島而羅時羅(次郎四郎)が「もし朝鮮に行けば、衣食を支給され、爵秩も加えられる」と誘ったため、同類六人とともに、薺浦を訪れた(一四七四年)。ところが而羅時羅は、恒居倭に彼らを売りとばした。雪明は奴役を嫌い、剃髪して僧となり、「大国」(朝鮮)の諸山を巡った。たまたま国法で僧侶への禁圧が厳しくなったので還俗して、恒居倭而羅多羅(次郎太郎)の家に寄寓し、本土に還ることを願い出た(一四九七年)。だが、朝鮮側は情報が日本に伝わることを恐れて、投化人の例により、京中に居住させた(『燕山君日記』三年〔一四九七〕正月己酉・戊辰条)。この事例から、博多―対馬―三浦間の人の往来、恒居倭らによる人身売買、そして倭人であっても僧侶(僧体)であれば、朝鮮領内の諸山を巡礼できたことがわかる。

使送倭人の中には、被虜人を送還してきた者もいた〔関 二〇〇二〕。被虜中国人が購入された事例もある。対馬の時羅《シラ》(四郎)は、中国(明朝)の浙江を襲撃し、掠奪した陳仏奴《ちんぶつど》を妻とし、夫の符旭《ふぎょく》を奴としていた。一四一七年九月、時羅は陳仏奴らを連れて、交易のために富山浦を訪れた。その際、万戸金従善《キムジョンソン》は、雑穀二〇余石《せき》で符旭を購入し、さらに陳仏奴を逃がすことに成功した。朝鮮王朝は、この二人を明の遼東に送還した。翌年、宗貞盛の使者として朝鮮に渡来した時羅は、陳仏奴の返還を要求した。礼曹佐郎権克和《グォンクッファ》が招賢《チョヒョン》駅にて時羅を迎え、米四〇石を与えたところ、時羅は喜んだという(『太宗実録』一八年二月庚戌条)。

(3) 密貿易

このような倭人間のネットワークを背景にして、三浦やその周辺では、朝鮮王朝の許可を得ずに行う密貿易が行われた。

漢城の倭館においては、上京した倭人と朝鮮官人・通事との間に密貿易の事例が早くからみえる〔村井 一九九七b〕。一四一四年、尹仁富《ユンインブ》らが、金銀・禁物を倭人に売るという密貿易を行ったため、杖罪になり、家産を「籍没」（没収）されている（『太宗実録』一四年五月辛卯条）。一四二九年、漢城の倭館で売買を行う商賈人らは、通事・使令と通じて、ひそかに禁物を売ることがはなはだ多かった（『世宗実録』一一年六月己丑条）。

三浦の倭館においても、密貿易が行われ、倭館の官人との結託がみられる。前述した一四四〇年の三浦禁防条件十箇条の四条目には、その結託ぶりが次のように指摘されている。

三浦の商倭と使客は、みな対馬島人を率い、対馬島が土地狭く民が少ないため、一年の間に再三往来している。三浦の倭通事・監考・鎮撫は、みな久しくその任にあり、なかには二十余年以上に及ぶ者もいる。その面貌を知っている者が必ず多くいるため、船を持っていない倭人らを、最初の検閲の際に摘発しない。通事・監考・鎮撫は、倭人と通謀したり、倭人が禁を犯しても、名をあげて弾劾することもしない。そのため船軍や船軍以外の者が、罪人を捕らえたり、罪人がいると申告することを奨励することを求めている。世宗は、申請通りに施行せよと命じ、監考・鎮撫を久しく留任させることを禁じている（『世宗実録』二二年五月丁卯条）。

一四九三年、宝玄《ポヒョン》という人物が敦化門《トンファムン》（昌徳宮《チャンドククン》の正門）の外に現れ、漢城の「商富大賈《しょうふたいか》」（豪商）が多くの禁物を持って、ひそかに三浦に往き、夜に倭人とひそかに売買（密売）していることを官僚に告げている（『成宗実録』二四年二月丁巳条）［村井 一九九三］。

密貿易を行う場の一つに、薺浦の北の報平駅《ポピョン》がある。同駅は、熊川県城の西門の外にあったとみられる。一五〇九年、監察朴詮《パクチョン》は、上中書の中で、次のようなことを指摘している（『中宗実録』四年三月丙辰条）［村井 一九九三］。

①熊川県報平駅は、倭居と隔たるところわずかに一里ばかりで、倭人男女が負債の徴収と称して、我が民家に出入りして、昼夜となく往来し、相親相愛、兄弟のようになっただけではなく、言語・飲食や利害をともにしている。

②京中富居人・商賈の徒が、争いて倍蓰《ばいし》（二〜五倍）の利に務め、熊川ならば主に報平駅、東萊ならば主に城底の民家において、近き者は一・二年、遠き者は三・四年滞在して、常に「倭奴」（朝鮮側の、倭人に対する蔑称）と酒食をともにして、潜かに禁物を売っている。彼らは、売買の際には、「倭奴」の信を取り、他日に相まみえる上での助けにしようとして、ひそかに国家の凡事（あらゆること）を伝え、「倭奴」に備えさせようとしている。

また密貿易ではないものの、倭人と郷通事・主人倭戸が結託して、留海料・過海料を不正に分配している例もある［村井 一九九三］（留浦料・過海料については、本書３章参照）。一四九三年の報告によれば、近年の客人出来の数は以前よりも減少しているのだが、庚戌・辛亥・壬子（一四九〇〜一四九二）の三年間で、三浦ではおおよそ四万五百余石も費やしており、もし飢饉がおきれば、国家として対処できないほどである。それは、郷通事・主人倭戸の謀によって、留浦料をみだりに受け取ったり、量船（入港時に船の大きさを量ること）の時に、中船を大船とし、小船を中船として、過海料を必要以上に受け取っているという(『成宗実録』二四年閏五月辛丑条)。

(4) 僧侶の往来、寺院

三浦を訪れた倭人の中には、僧侶も含まれていた。日本国王使をはじめ、使送倭人の正使・副使は、そもそも禅僧が多かった。朝鮮に向化(投化ともいう。帰化にあたる)した倭僧の信玉《しんぎょく》は、対馬の沙浦《さほ》(佐保《さほ》。対馬市豊玉町佐保)出身で、薺浦で父が病死した後、朝鮮の名山を一九年間遍歴し、一四七一年、漢城において度牒《どちょう》(僧尼が得度したことを証明する公文書)を受けたいと願った。成宗は、禅宗に度牒を発行させ、近京の諸寺に住まわせることを許した(『成宗実録』二年四月甲寅条。八年六月丁巳条でも言及)[村井 一九九三]。

また対馬守護(島主)宗氏は、三浦の恒居倭へも勧進に応じるよう命じている[村井 一九九三]。

(宗貞盛)
(花押影)

千部経之勧進のためニこのそう(僧)とかい(渡海)候ニて、かうらい(高麗)三浦の日本人、又ハそさ(送使)船・はいく(売買)
船、いつれも少勧進心おちニほんそう(奔走)あるへく候、

文安六(一四四九)　三月廿九日　祐覚(花押影)

高麗こもかい(熊川)
ふさん浦(釜山)　日本人の中

うるしやう《蔚山》（『宗家判物写』「仁位郷御判物写」、『長崎県史』資料編第一、五〇五頁）

宗貞盛の意を受けた祐覚は、千部読経の勧進のために渡海する僧の勧進に応じるように、「かうらい《高麗》三浦の日本人」（宛先は、「高麗こもかい〔熊川〕・ふさん浦〔釜山浦〕・うるしよう〔蔚山〕の日本人」）や、「そさふね」（送使船、対馬島主宗氏の使船）・売買船に求めている。同様に宝徳三年（一四五一）、対馬中部にある峯権現の造営のため、宗貞盛の意を受けた祐覚は、同権現宮司美濃坊の勧進に応ずることを、「かうらい《高麗》三うら《浦》」の百姓や「そさふね」に求めている（『宗家判物写』「三根郷御代々御判物写」木坂村岩佐平右衛門蔵、『長崎県史』資料編第一、三九二〜三九三頁。宝徳二年正月一一日付の祐覚書下写が二通ある）。

四　朝鮮王朝・宗氏の対応

(1) 三浦の統轄組織

倭人を統轄していたのは、三浦代官と、各浦の恒居倭の代表者である倭酋であった。筆者は、三浦恒居倭全体を統轄していたのが、宗氏が派遣した三浦代官であり、倭酋は各浦所においてその実力によって各浦所の秩序を実際に保持した者と想定した［関 二〇〇二］。李泰勳氏は、筆者の見解を批判し、次のように述べている。

三浦代官として記録に名がみえるのは、皮古汝文(平国忠)と立石右京亮国長である。国長の在任時期は少なくとも一四六七年から一四八八年までの間であり、皮古汝文(平国忠)は、国長以前に同職をつとめた。一五世紀半ばから、対馬島主宗氏は三浦代官を対馬に引きあげさせ、対馬に常住させることにした。時には対馬から三浦に派遣され、恒居倭の送還などを掌った。そして、各浦所に島主が信任する者を置いて、恒居倭を管轄させた。島主が信任する者というのが、朝鮮側が倭酋と呼んでいた各浦所の長である。一五世紀半ば、対馬島主宗氏が恒居倭支配体制を見直し、三浦代官にかわって各浦所の倭酋に恒居倭を管轄させることにしたのである[李・長 二〇〇六]。倭酋については、一四九七年には、塩浦倭酋奴耳沙也文・釜山浦倭酋而羅多羅(次郎太郎)・薺浦倭酋沙豆が(『燕山君日記』三年四月丙申条)、一五〇〇年には、乃而浦頭倭沙頭沙也文(佐渡左衛門)がみえる(『燕山君日記』六年三月己未条)。

(2) 朝鮮王朝の倭人対策

①倭寇再発の防止

朝鮮王朝は、三浦の恒居倭ら倭人に対して、どのような対策をとったのだろうか。全般的にいえるのは、倭寇の再発への恐れを常に抱いており、倭人を刺激して紛争が生じることを避けようとしたということである。したがって三浦の倭人社会の内部に介入することを忌避する傾向にあった。このことは、一五世紀前半の国王世宗が、親日政策をとったことと相まって、恒居倭ら倭人たちに、三節でみたような諸活動を可能にし、それを特権としていった。

朝鮮王朝は、倭人と通じた官人・通事らを処罰したり、増加する恒居倭の送還を宗氏に求める［関二〇〇二、李泰勲 二〇〇五］などの対策をとった。

腰を据えた倭人対策としては、恒居倭を封じ込めるために、鎮城や、石積みによる防禦施設である関限を置くことが考えられた。村井章介氏によれば、朝鮮側が築いた関限や鎮城には、二つのタイプがあった［村井 一九九七c］。

①三浦と州郡の境界線上に、倭人居留区を明示し、倭人の活動をその内部に物理的・空間的に封じこめるために築かれた障壁

②三浦のそれぞれに置かれた水軍の営所をとり囲み、倭人との変事に備え、倭人を軍事的に威圧するための鎮城

一四五五年、右参賛黄守身《ファンスシン》は、慶尚道地図と熊川県図を国王世祖《セジョ》に奉じて、次のように提案した。倭の居所のある北の岡より、西は万戸営前、東は熊浦に至るまで城壁を築き、また水の浅いところに柵を設け、関門を立て、熊川軍士二・三十人を把截《はせつ》(チェック)させた(『世祖実録』元年七月乙未条)。しかし実際には堅固な城は築かれなかったらしい［村井 一九九七c］。王朝内部には、城堡の改築によ

って、倭人に疑心を抱かせてはならないとして、城堡の増築を停止すべきとの議論さえあった(『成宗実録』一八年(一四八七)一〇月壬辰条)[関 二〇〇二]。前述した孫承喆氏らにより確認された土城は、黄守身の建議が受け入れられて築城されたものだという[孫 二〇〇九]。

恒居倭の送還にみられるように、朝鮮王朝の倭人対策は、宗氏に依存する側面があった。罪を犯した倭人の逮捕・処罰(日本中世では検断とよぶ)について、従来の見解は、三浦で殺人などを犯した恒居倭に対して、朝鮮王朝が「留浦の倭は、投化の比にあらず」という態度をとった(『世宗実録』一〇年(一四二八)八月壬辰条)ことなどをもとに、朝鮮側は検断権を放棄し、宗氏が検断権を実質的に掌握していたとみていた[村井 一九九三、関 二〇〇二]。

近年、恒居倭に対する検断権の行使を全面的に検証した李泰勲氏により、恒居倭が違法行為をした場合、犯人の捜査・逮捕・訊問は朝鮮側が行い、自らは処罰をせず、おおむね対馬島主宗氏に処罰を要求していることが明らかになった。いわば、検断権の一部である処罰権が宗氏に委任されたことになる。李氏は、このような朝鮮王朝の対応は、国王世宗の時代から始まり、一五世紀中頃までに意図的に創りあげたものだとする。そして、対馬島主に犯罪を犯した倭人の処罰を求め、処罰が実行されれば被処罰者に怨まれることなく、かつ朝鮮としては体面を傷つけることなく、目的を達成することができたと評価している[李泰勲 二〇〇六]。

その一方、朝鮮領内に住んでいる恒居倭を、朝鮮人と同様にみなすという考え方もみられる。頻繁におこる失火に対し、朝鮮王朝は撫恤《ぶじゅつ》(慰めの救済をすること)を行い、衣糧や酒肴・官穀を支給したり、家を造るという対策をとった(第3表)。これは、恒居倭に対する懐柔策であり、撫恤により朝鮮国王の恩恵を彼らに示しているのである。恒居倭が、朝鮮の領域内に居留していることに対して、王朝が彼らの生活を保障するという理念に基づき、補償を行ったといえる[関二〇〇二]。

なお、第1・2表のような倭戸の調査は、失火に際して実施されている。一四五八年(世祖四)、王朝は、礼曹佐郎李継孫《イケソン》を薺浦に遣し、失火した倭人を慰問救済させるとともに、ひそかに倭戸の数を調査させ、報告させている(『世祖実録』四年閏二月辛巳条)。

②原則論への転換

右で述べたような朝鮮王朝の政策は、一五世紀末までに、大きく転換していく。その背景には、朝鮮半島南岸海域における情勢の変化がある。

まず「水賊」とよばれた朝鮮人海賊の活動が、活発になった[高橋一九八七a]。一四七〇年代以降、水賊の活動は活発化し、全羅道・慶尚道南岸を横行するようになる。彼らは、倭人の服を着て、倭語を話し、島嶼に潜伏するような、海上を自由自在に横行できる海民であった。その中には、倭人と並んで朝鮮王朝が辺境民として警戒していた済州《チェジュ》島《ド》民が多く含まれていたものとみられる。

三浦の恒居倭や対馬島民は、漁場での活動を活発化し、その活動も広域化した。そのため朝鮮漁民との紛争が、一四七〇年代以降頻発している。一四七七年、成宗は、釣魚をする倭人が南海辺に泊して、居民の衣服を掠奪していること、それが南海のみならず、他邑でも同様であると聞いているると述べている(『成宗実録』八年正月辛酉条)。また盗賊が詐って倭服を着て殺掠することは古来よりの常事であるが、釣魚倭と辺民(辺境の民。朝鮮半島南岸および島々の民)がお互いに攻奪しあうことが近頃はなはだしいともいう(『成宗実録』八年四月癸丑条)。

一四九三年には、「東島《トンド》漁場占拠事件」が起きている〔中村 一九六五e、関 二〇〇二〕。薺浦付近の恒居倭五十余人が、集団で辺民の漁場(魚梁)を奪い取った。僉節制使(僉使)が、役人を送って制止をしようとしてかえって殴打されてしまった。

一五世紀末には、このような紛争解決のため、王朝の官人自らが倭人たちと交渉する例がみられるようになる。

一四八五年(成宗一六)、四道巡察使洪応《ホンウン》は、成宗に対して、次のように報告している。洪応は、薺浦において、倭館内へ倭人を招き、自ら饋餉《きしよう》(食事を与え、もてなすこと)した。留浦倭人は、当初はおそれていたが、彼の誘いに応じた。倭人が佩刀《はいとう》して入ることを、洪応は許し、倭人の妻子を招いている(『成宗実録』一六年三月戊戌条)。このように朝鮮王朝の官人の方から、倭人に接近し、宴を設けて折衝するようになる。

前述した一四九三年の「東島漁場占拠事件」の際には、同副承旨鄭錫賢《チョンソクヒョン》が、推考敬差官として薺浦に派遣され、倭酋沙豆沙也文(佐渡左衛門、対馬島主宗氏の姻戚)と交渉し、彼を伴い東島を訪れ、和知羅沙也文（八郎左衛門）に家屋の撤去を命じた。ところが和知羅沙也文らが抵抗したため、王朝側は和知羅沙也文の配下である愁戒仇羅（助九郎）たちをとらえ、内地のいくつかの箇所に分けて投獄することを決めた。さらに敬差官として副応教権柱《グォンジュ》を対馬に派遣し、島主宗貞国を詰問し、海賊船の横行を責め、漁場を占拠した者の処刑を要求した（『成宗実録』二四年一一月丙午、一二月乙丑条）。

一四九七年四月に、全羅道の鹿島《ロクト》に倭船が入寇し、万戸以下三十余人を殺害した、いわゆる鹿島の倭変がおきた。朝鮮王朝は、慶尚道三浦倭人推考敬差官楊煕止《ヤンヒジ》を派遣し、三浦倭酋と直接交渉した（『燕山君日記』三年四月甲申条）。

このように朝鮮王朝は、三浦の倭人社会を主導する倭酋との交渉により、事態を解決しようとする積極的な姿勢、換言すれば倭人社会に直接働きかける姿勢に転じているのである。「東島漁場占拠事件」では、対馬島主の宗貞国にも対処を要求している。

こうした政策の変化は、田租徴収をめぐる議論にも影響を及ぼすようになる。それは、倭寇再発の恐怖を払拭して、支配の原則論に立つものである〔村井 一九九三〕。

三浦の恒居倭は、朝鮮領内に居住しながら、朝鮮への役（ここでは、田租の納入）を務めていなかった（『成宗実録』五年一一月辛酉条）。この状況に対して、朝鮮王朝内では、恒居倭に対して田租を賦課するか否かを、一貫して議論してきた。一四七七年、三浦倭田の収租の事について、議論の結果、成宗はしばらく収税を停めることを命じた（『成宗実録』八年一二月己亥条）。成宗は、倭人が田に租の制があることを知れば、釁《きん》（争い）の生じる原因になるのではないかと恐れ、官僚からも、もし収租すれば、必ず紛争が生じるという発言があった（『成宗実録』八年一二月己酉条）。朝鮮領内の居住者に田租を賦課するという原則論よりも、倭人を刺激して紛争が起きることを警戒していたのである。

ところが、一四九〇年代になると、逆に原則論が強くなってくる。一四九四年、礼曹と戸曹は、「三浦居倭の佃田は我が土であり、編氓《へんぼう》（辺民）とは異なることはない。田があれば租があるのが、古今不易の法である。前に依り収税することを永く恒式とする」ことを主張している。成宗は、対馬島主に通達して、慎重に実施せよという議論を採用している（『成宗実録』二五年二月甲申条）。こうして同年五月には、戸曹の上申により、辺将（辺境を守る軍事指揮官。僉使・万戸・権管の総称）を通じて、今年から田租を収税することが三浦の倭人に伝えられることが決まった（『成宗実録』二五年五月丁酉条）［李泰勲 二〇〇七］。

(3) 宗氏の対応

①宗氏と恒居倭

次に、対馬守護・島主宗氏の、恒居倭や朝鮮王朝への対応をみておこう。

本書第2章でも述べたように、一五世紀前半、宗貞盛は、文引制と孤草島釣魚禁約により、対馬島内外の朝鮮への通交者・使節（使送倭人）や、対馬漁民への統制を進めていった［長 一九八七、荒木 二〇〇七］。

ただし、こうした統制は、順調に進行したわけではない。対馬島民が、宗氏の規制を超えた活動をした例が散見する。一四三九年、宗貞盛の書契の改竄や、貞盛の図書を別な人物が押印することが行われている（『世宗実録』二一年一〇月癸未・甲申条）。倭人多郎古羅（太郎五郎カ）および宗茂は、宗貞盛の図書を偽造し、孔古老（小五郎カ）は、宗茂直の書契を塗り改めており（改竄）、朝鮮側は、献上品は受け取りを拒否し、接待せずに、ことごとくみな還送するという措置がとられた（『世宗実録』二一年一一月丙寅条）。また前述したように、孤草島釣魚禁約についても、宗氏の文引を所持しないにもかかわらず孤草島に出漁したり、制度上対象外であった三浦恒居倭が出漁しているのである［長 一九九〇・二〇〇二ａ］。

宗氏は、三浦の恒居倭に対して課税（営業税）している［村井 一九九三］。その徴収権は、当初、早田左衛門大郎が握っていた（『世宗実録』一一年（一四二九）三月戊辰条）。彼の死後、早田氏の地位の低下に伴い、宗氏が課税権を掌握したものと思われる。一四八五年の朝鮮側の報告によれば、対馬島主宗貞国は、三浦に居住する倭人に対して、人口に応じてはなはだ重い徴税を強いていたという（『成宗実録』一六年三月戊戌条）。

徴税にあたったのは、三浦代官である。対馬国分寺住持崇統の使者が連れてきた明人潜巌《せんがん》の発言によると、三浦の恒居倭は、毎年綿布を対馬島主に貢納し、その額は大戸で二匹、小戸で一匹で、三浦代官立石国長が徴税にあたっていた（『成宗実録』一七年〔一四八六〕一〇月丁丑条）。

②朝鮮王朝への協力

朝鮮王朝の三浦倭人に対する政策に、宗氏は一定の協力をしている。「賊倭」を鎮圧することで、恒居倭・対馬島民を統制下におくという側面もある。

一四八八年、宗貞国は朝鮮側に対し、「大国」（朝鮮）の恩がたいへん重いことを強調し、三浦の倭人が、不幸にも朝鮮に向けて無礼な事をしたならば、姓名を詳しく問いただし、三浦などにおいて調査し、法を犯す人がいないようにすると約束している（『成宗実録』一九年正月甲寅条）。また一四八三年の宗貞国の書契において、「（対馬）島中に其の贓財（盗品）を捜索させたけれども、実を得ていない。島中の人民は、多く外国と相交わり、或いは婚姻により親戚となり、或いはこれ無くしても貿易をし、外国の舟で往来する者がはなはだ多い」とし、「吾一島の者が、奸賊であるのではない」とする一方、「もし賊船が貴国（朝鮮）を犯したならば、駅伝によって乃而浦（薺浦）・富山浦（釜山浦）の長（倭酋）へ指示して、急船により来報させる」と伝えている（『成宗実録』一四年二月辛巳条）。

一四八一年、宗貞国は、「宗出羽守茂勝が、乃而浦の両大人（倭酋ヵ）に急船の短書（略式の外交文書）を送り、朝鮮を襲った十余人の首を斬り、吾が諸島にさらした」という書契を朝鮮に送っている（『成宗実録』一二年八月癸亥条）。ところが、一四八六年、対馬の国分寺住持崇統が朝鮮に送った被虜中国人潜巌（前述）は、「辛丑年（一四八一）に宗茂勝が殺した倭や、また今年宗職経《もとつね》が殺した倭は、貴国（朝鮮）を犯した者ではなく、実はその島の罪人である」と暴露している（『成宗実録』一七年八月辛卯条）。実際には朝鮮を襲った犯人を逮捕できず、島内の罪人を身代わりにしていたことになる。

おわりに

一五世紀末～一六世紀初期、倭人の中には、鹿島（一四九七年）・馬島《マド》（一五〇〇年）・加徳島《カドクト》（一五〇八年）において掠奪行為をする者が現われ、朝鮮側は「倭変」と認識した。前述したように、朝鮮王朝は、倭酋との交渉により、倭人社会に直接働きかける姿勢をみせるようになった。そして恒居倭に対する特権を奪い、貿易額を制限するようになる。そのことは、恒居倭たちの不満を増大させることになった。

一五一〇年、薺浦（乃而浦）・富山浦（釜山浦）の恒居倭は、対馬島主宗義盛《よしもり》（盛順）の代官宗盛親《もりちか》（対馬の史料では国親）と結んで蜂起した。三浦の乱の勃発である。だが、この蜂起は失敗し、恒居倭は対馬に撤退した。一五一二年の壬申《じんしん》約条で、再度対馬からの通交は許されたが、到泊港は薺浦（乃而浦）のみとし、恒居倭は廃止された。

その後、一五二一年に釜山浦（富山浦）が加わって二港となり、釜山浦に一三隻、薺浦に一二隻を分泊させることになった（釜山浦・薺浦両浦分泊の制、『中宗実録』一六年八月甲辰条）。一五四四年の甲辰蛇梁《こうしんサリヤン》の倭変後、一五四七年の丁未《ていび》約条により薺浦を止められ、釜山の倭館で交渉することになった。朝鮮王朝は、この間、浦所に日本人が居住することを一切許さなかった。だが、現実には倭館に長期滞在する留館《りゅうかん》倭人が存在した［村井 一九九三］。

豊臣秀吉の朝鮮侵略後、倭人の上京は許されなかったため、倭館は漢城には置かれず、釜山浦一ヶ所のみとなった。倭館は、一六〇一〜一六〇七年は、絶影島《チヨリヨンド》（現在の影島《ヨンド》）の「仮倭館」、一六〇七〜一六七八年の豆毛浦《トウモポ》の「古館」、一六七八〜一八七三年の草梁項《チヨリヤンハン》の「新館」というように移転する。

草梁倭館は約一〇万坪の広大な敷地を持ち、館守以下四〇〇〜五〇〇名の倭人が入ったという［田代 二〇〇二・二〇一一、鶴田 二〇〇三］。かつての三浦の倭館と恒居倭居住地域を含めて倭館として整備されたことになる。倭館に滞在していた倭人の大半は、何らかの任務をもって対馬から派遣されていた人たちである。

おわりに　対馬島の帰属と宗氏

おわりに　対馬島の帰属と宗氏

「はじめに」で述べたように、対馬は朝鮮半島との国境の島である。一五世紀前半、朝鮮王朝が対馬を帰属させようとしたことがある。本書をしめくくるにあたり、対馬の帰属をめぐる朝鮮王朝と日本との交渉、そして日朝間における宗氏の立場について述べておこう。

(1) 対馬島の帰属をめぐる日朝間の交渉

日朝の境界が、両者の政治問題になったのは、応永二六年(一四一九)の応永の外寇(朝鮮では、己《き》亥東征《がいとうせい》とよぶ)の時である。対馬島の帰属をめぐって朝鮮王朝が交渉相手に選んだのは、対馬島主宗氏であり、室町幕府(足利氏)ではないことに留意したい。

まず、応永の外寇の経緯を確認しておこう[中村 一九六五a、田中 一九七五]。

日本・朝鮮王朝による倭寇禁圧策や、朝鮮王朝の懐柔策により、一五世紀初期の太宗《テジョン》朝の時代には、倭寇は沈静化していた。だが、応永二五年、倭寇禁圧に尽力した対馬守護の宗貞茂《そうさだしげ》が死去し、その子の都都熊丸《つつくままる》(のちの貞盛《さだもり》)は、まだ幼年であったため、島内の政治秩序は不安定さを増していた。一方、朝鮮王朝では、太宗《テジョン》に代わって世宗《セジョン》が王位を継承した。ただし上王の太宗が、譲位後も軍事権を掌握していた。

応永二六年五月、倭船五〇余艘が、忠清道庇仁県《チュンチョンドピインヒョン》の都豆音串《トドゥムコッ》に突入し、兵船を焼くという事件を引き起こした。この倭寇は、明をめざしたものであった。この事件を契機として、太宗は、倭寇の巣窟か、または通過地とみなしていた対馬勢力の討伐を計画した。太宗や大臣たちによる議論の結果、五月一四日、対馬への出兵が決定された(『世宗実録』元年五月戊午条)。六月九日、太宗は、中外への教書の中で、「対馬は島たるや、本これ我国の地たり。但し阻僻隘陋《そへきあいろう》をもって、倭奴の拠する所を聴《ゆる》す」と述べている(『世宗実録』元年六月壬午条)。朝鮮王朝が、対馬がかつて朝鮮領であったという認識を初めて示したものである。これは、対馬東征を正当化する論理として創出されたものではないだろうか。

朝鮮軍は六月一二日に乃而浦《ネイポ》(薺浦《チェポ》)、一九日には巨済島《コジェド》を出発して対馬に向かった。三軍都体察使李従茂《イジョンム》らの対馬島征討軍は、兵船二二七艘、総計一万七二五八人であった。六月二〇日、朝鮮軍は浅茅湾《あそうわん》に入って尾崎《おさき》の豆地浦(土寄《つちより》)に上陸した。李従茂は、宗貞盛に書を送ったが、返答がないので、島内を捜索し、船を奪い、家を焼き、船舶往来の要所である訓乃串(船越《ふなこし》)に柵を築き、久しく駐留する意を示した(『世宗実録』元年六月庚寅・癸巳条)。六月二六日、李従茂は尼老郡(仁位郡)に上陸したが、糠岳《ぬかだけ》の戦いに敗れる。宗貞盛からの停戦修好の要請に応じて朝鮮軍は撤退し、七月三日には巨済島に戻っている(『世宗実録』元年七月丙午条)。

このように朝鮮側の思惑に反して、東征は十分な成果を上げることができなかった。再征が議論されたが、結局中止となり、別の策を講じることになった。すなわち宗氏をはじめとする島内領主層や、対馬島民を朝鮮に移住させることを要求する「巻土来降《けんどらいこう》」と呼ばれる策である。朝鮮側は、それにより対馬の空島化を図ったのである。太宗は、兵曹判書趙末生に命じて、対馬島守護宗貞盛あてに書契《しょけい》(日朝間で使用される外交文書の様式)を送り、「巻土来降」を求めたが、その中で「対馬の島たるや、慶尚道の鶏林に隷し、本これ我国の地なること、載せて文籍に在り、昭然考うべし」とある(『世宗実録』元年七月庚申条)。「鶏林」は慶州の雅名であり、対馬はもと慶尚道に属していたことが典籍に明らかであると述べている。

対馬からは、宗貞盛の使者と称する「時応界都」が朝鮮を訪れ、対馬島民を巨済島に移住させ、朝鮮国内州郡の例により対馬の州名を定め、朝鮮から「印信」を賜ることなどを請願した(『世宗実録』二年閏正月己卯条)。これを承けて、朝鮮側は対馬を朝鮮の属州とすることを決定した。

しかしその後、日本回礼使宋希璟《ソンヒギョン》が対馬を訪れた際、当時対馬最大の実力者であった早田《そうだ》左衛門大郎は、「対馬は少弐殿祖上相伝の地であり、もし属州にすれば百戦百死すれども、これを争ってやまないだろう」として、慶尚道に対馬を属させるとの決定に抗議した(宋希璟『老松堂日本行録』四六節)。

応永二八年、宗貞盛の使者である「仇里安」が、宗貞盛の書契を持って朝鮮を訪れた。貞盛の書契には、史籍や古老にあたってみたところ、対馬が慶尚道に属する根拠はないことを主張して、属州化を拒否した(『世宗実録』三年四月戊戌条)。結局、「印信」を受領しただけで、対馬の属州化は沙汰止みになった。一方、「巻土来降」は貫徹されずに、対馬の内国化は実現に至らなかった。

以上のように、対馬の帰属に関する交渉は、宗貞盛や早田左衛門大郎のような対馬島主または実力者、あるいはその意を受けたとする使節によるもので、室町幕府は何ら関与することはなかった。

その後、朝鮮側は対馬の内国化を求めてはいないが、対馬島がもと慶尚道に属していたとの認識を、その後もしばしば持ちだしている。『新増東国輿地勝覧』には「対馬島」の記載があり(『新増東国輿地勝覧』、慶尚道、東莱県、山川)、「即ち日本国対馬州なり。旧は我鶏林に隷す。未だ何時《いつ》倭人の拠する所になるやを知らず」と述べている。対馬島が現在日本国に属しているとしながらも、もとは「鶏林」(慶州)に属していたとの認識が示されている。その後も朝鮮王朝で作成された朝鮮全図には、対馬島が描かれている。

そして、対馬に敬差官が派遣されている。高橋公明氏によれば、敬差官とは、本来朝鮮国内に派遣される文官の臨時職であり、それが対馬に派遣されていることは、朝鮮王朝が対馬を完全な異国とはみなしてはいなかったことを示している［高橋 一九八七c］。

(2) 日朝間における対馬守護・対馬島主宗氏の立場

日朝交流を担った主体の一つであり、日朝間の境界に生きた対馬守護・対馬島主宗氏は、日本と朝鮮王朝との間で、どのような立場をとったのだろうか。

高橋公明氏は、宗氏の二つの立場として、形式的には日朝両属であったことを指摘している。宗氏は、室町幕府から対馬守護という立場が与えられ、対馬国という土地の領有が認められている。一方、受図書人として朝鮮の外臣となり、対馬島と慶尚道の南岸にまたがる海域の安全を確保する役割を与えられた。このような海の管理権は宗氏の権力確立に不可欠な要素であり、一方朝鮮側も海域の安全確保は必須であり、対馬島主宗氏の地位安定は、その前提であったとする［高橋 一九八七c］。

また2章で述べたように、朝鮮王朝(世宗)は、宗貞盛に、渡航証明書である文引を発給する権限を与えた。宗氏が、朝鮮王朝の代行者として、通交者の資格をチェックする制度であり、朝鮮の国家機構の末端に、対馬が位置づけられたことになる［村井 一九九九］。

だが留意しておきたいのは、宗氏にとって、日本への帰属と朝鮮への帰属とは等質のものではないことである。宗氏が対馬島を支配する領主(対馬守護・対馬島主)であるということが、朝鮮側が文引制を採用する前提になっている。宗氏が対馬の実効支配をする上での正統性は、幕府から対馬守護に任じられる、すなわち幕府によって公権力として保障されていることによるものである。朝鮮王朝は、そのような日本の国家・地域秩序に一定の位置を占めている宗氏に対して、倭寇の鎮圧や、対馬島と慶尚道の南岸にまたがる海域の安全確保、通交使節の統制を委ねているのである。1章で述べたように、対馬が日本の実効支配の及ぶ場であったことを踏まえると、宗氏の対馬支配は、あくまでも将軍との主従関係が根本にあり、朝鮮との関係はそれを補強するものであったといえる[関二〇〇二]。

その一方、朝鮮王朝との関係を良好にし、通交権益を維持・拡大していくことが、宗氏および対馬にとっては必要不可欠であった。その点から、高橋氏の指摘するような日朝両属という関係が生まれてくる。

朝鮮の礼曹あての書契中に、宗氏が自己を朝鮮の「藩籬《はんり》」「東藩」と表現する例が、いくつかみられる。「藩籬」とは、竹を編んでつくり、宮室の屏蔽とするもの、転じて、保衛の意があり、藩屏ということになる。「東藩」は、朝鮮の東の藩屏の意であろう。ただし、「藩籬」と表記したのは、宗氏が朝鮮に派遣した使節の一部にすぎず、明との交渉要請や金剛山への参詣などの特別な目的を持った場合である。そのような特別な要求を通すために、朝鮮側の歓心を得られるように、この語を使用したのであろう。その点を踏まえても、朝鮮側の動向に敏感に反応し、自らを朝鮮の「藩籬」「東藩」と表現する宗氏の立場は、日本と朝鮮の境界に基盤をおいていることをよく示している［関 二〇〇二］。

宗氏が、足利将軍の臣下であるという立場と、朝鮮の「東藩」であるという立場の双方を示しながら、朝鮮王朝に支援を求めたことがある。明応元年（一四九二）、宗貞国は、特送饗庭職宣《あえばもとのぶ》を遣わし、書契に「扶桑殿下（将軍）から江州（近江）の凶徒追罰の動員令が来たが、我は貴国の東藩なので上京は控え、その代わり来春専使を京都に送りたい。今黄金三九斤六〇文目、数大小二三一挺・朱紅百裹《つつみ》を送るので、精好な綿布を賜ってその費用に充てたい」と述べ、また練二匹・扇子二十本・大刀二把を進上している（『成宗実録』二三年三月辛巳条）。「扶桑殿下」は足利義稙、近州の凶徒は六角高頼を指す。延徳三年（一四九一）、義稙は諸将に近江出陣を命じ、高頼攻めのため、園城寺に出陣している（第二次六角攻め）。翌年、義稙は高頼を破り、守山に進出し、高頼は近江から伊勢へ逃亡した。その後、義稙は京都に帰陣している。宗貞国は、このような日本の畿内の情勢を根拠に、黄金・朱紅を贈り、綿布を得ようと交渉していたのである。

宗氏にとっては、室町幕府と朝鮮王朝双方との関係を密にすることこそが、その権力基盤を強固にしていくことになる。日朝両国家の権威が、宗氏の島内支配の正当性の根拠であった。そして、このような両属関係を結んでいても、宗氏は、双方の国家から一切譴責を受けていない。朝鮮王朝は、日本・朝鮮双方に足場をもつ宗氏だからこそ、日朝関係を調整する役割を期待しているのである。また室町幕府は、朝鮮から物資を入手する役割を、宗氏に期待していたと思われる。

(3) 境界の特性

韓国との間の竹島(独島)、中国との間の尖閣諸島、ロシアとの間の北方四島など、日本の周辺をみても、その帰属をめぐる国家間の対立が今も続いている。近代以降、国民国家が形成される中で、我々は、国境は明確に線引きするものであり、かつ不動であるということが常識になっている。だが、本書で扱った中世の対馬や三浦のような境界地域は、日本の領土か朝鮮の領土かというような、二者択一では十分な説明はできない。

対馬は日本の支配領域に含まれ、中世日本の土地制度である荘園公領制の仕組みも取り込みながら、島主の宗氏らは島民に課役を賦課し、彼らの行動に規制を加えようとした。だが島民の多くは、対馬島内にとどまることなく、朝鮮との境界を超え、掠奪を行う倭寇になったり、三浦に居住した。その活動は、日本の都からみて辺境に位置するため、国家(朝廷や室町幕府など)の規制が及びにくいという条件があった。また三浦は朝鮮領内にありながら、朝鮮王朝は恒居倭の社会に入って統制しようとはせず、紛争の解決を宗氏に依存している。宗氏は、朝鮮王朝から通交の諸権益を獲得することで、家臣や島民を統制し、その領国を形成していった。倭寇の跳梁に悩まされた朝鮮王朝は、対馬に対して強い関心を持ち、対馬に関する詳細な情報を集め、記録として残している。応永の外寇に対して、室町幕府が積極的な対処をしなかったのとは、対照的である。

モノの動きや信仰からみれば、朝鮮仏や朝鮮鐘、陶磁器など朝鮮の文物が多数持ち込まれ、その一方で日本の畿内の石塔も造られている。また朝鮮系の物資には数では及ばないものの、中国や東南アジア産の陶磁器も搬入している。

このように中世の対馬や三浦は、日本や朝鮮という我々の固定した認識に留まらない多様な場であった。今日において国家や国境を考える上でも、中世の対馬や三浦は大きな示唆を与えてくれるのではないだろうか。

引用・参考文献

青山公亮　一九五五年『日麗交渉史の研究』明治大学文学部文学研究所

網野善彦　一九八六年「中世民衆生活の様相」同『中世再考―列島の地域と社会―』日本エディタースクール出版部

網野善彦　二〇〇一年『中世民衆の生業と技術』東京大学出版会（二〇〇八年『網野善彦著作集』第九巻、中世の生業と流通、岩波書店）

網野善彦・大林太良・谷川健一・宮田登・森浩一編　一九九〇年『海と列島文化』第三巻、玄界灘の島々、小学館

荒木和憲　二〇〇七年『中世対馬宗氏領国と朝鮮』山川出版社

荒木和憲　二〇一〇年「一六世紀日朝交流史研究の学説史的検討」日韓歴史共同研究委員会（第二期）『日韓歴史共同報告』第二分科篇、財団法人日韓文化交流基金（http://www.jkcf.or.jp/history/）

荒木和憲　二〇一一年「中世対馬の塩業と流通」川岡勉・古賀信幸編『日本中世の西国社会』第二巻、西国における生産と流通、清文堂出版

安楽勉・阿比留伴次　一九九四年「中世の対馬―朝鮮産陶磁器を中心として―」『長崎県の考古学―中・近世研究特集』長崎県考古学会

李　泰勲　二〇〇五年「朝鮮三浦恒居倭の刷還に関する考察」『朝鮮学報』第一九五輯

李　泰勲　二〇〇六年「朝鮮三浦恒居倭の法的位置―朝鮮・対馬の恒居倭に対する『検断権』行使を中心に―」『朝鮮学報』第二〇一輯

李　泰勲　二〇〇七年「三浦恒居倭に対する朝鮮の対応―課税案と課税を中心として―」『年報朝鮮学』第一〇号
李　泰勲・長節子　二〇〇六年「朝鮮前期の浦所に関する考察」『九州産業大学国際文化学部紀要』第三四号
李　薫　二〇〇五年「琉球国王使と偽使」韓日関係史研究論文集編集委員会『倭寇・偽使問題と韓日関係』景仁文化社（ソウル）
李　領　一九九九年『倭寇と日麗関係史』東京大学出版会
李　領　二〇〇七年『忘れられた戦争　倭寇』韓国放送通信大学校出版部（ソウル）
伊藤幸司　二〇〇二年a『中世日本の外交と禅宗』吉川弘文館
伊藤幸司　二〇〇二年b「中世後期における対馬宗氏の外交僧」『年報朝鮮学』第八号
伊藤幸司　二〇〇五年「日朝関係における偽使の時代」日韓歴史共同研究委員会（第一期）『日韓歴史共同報告』第二分科篇、財団法人日韓文化交流基金（http://www.jkcf.or.jp/history/）
岩城卓二・小島道裕　一九九二年「対馬番家（小宮家）文書」『国立歴史民俗博物館研究報告』第三九集
大石直正・高良倉吉・高橋公明　二〇〇一年『日本の歴史14　周縁から見た中世日本』講談社
大西信行　二〇〇九年「薺浦から富山浦へ」北島万次・孫承喆・橋本雄・村井章介編著『日朝交流と相克の歴史』校倉書房
大庭康時　二〇〇九年『中世日本最大の貿易都市　博多遺跡群』新泉社〈シリーズ遺跡を学ぶ61〉
大庭康時・佐伯弘次・菅波正人・田上勇一郎編　二〇〇八年『中世都市博多を掘る』海鳥社
大石一久　二〇〇七年「九州西北部の渡来神仏と石造物」『東アジア海域交流史現地調査研究～地域・環境・心性～』第二号（二〇〇五～二〇〇九年度文部科学省科学研究費補助金特定領域研究「東アジアの海域

交流と日本伝統文化の形成―寧波を焦点とする学際的創生―」現地調査研究部門）
長　節子　一九八七年『中世日朝関係と対馬』吉川弘文館
長　節子　一九九〇年「孤草島釣魚禁約」網野善彦他編『海と列島文化』第三巻、玄界灘の島々、小学館
長　節子　二〇〇二年a『中世　国境海域の倭と朝鮮』吉川弘文館
長　節子　二〇〇二年b「朝鮮前期朝日関係の虚像と実像―世祖王代瑞祥祝賀使を中心として―」『年報朝鮮学』第八号
小田省吾　一九二九年「李氏朝鮮時代に於ける倭館の変遷」京城帝国大学法文学会編『朝鮮支那文化の研究』刀江書院
川口洋平　二〇〇四年a「対馬・考古学からみた国境の中世」国立歴史民俗博物館『第四五回　歴博フォーラム　中世の湊町―行き交う人々と商品―』パンフレット
川口洋平　二〇〇四年b「中世後期の対馬・壱岐・松浦」橋本久和・市村高男編『中世西日本の流通と交通―行き交うヒトとモノ―』高志書院
川添昭二　一九八一年『中世九州の政治と文化』文献出版
韓日関係史研究論文集編集委員会　二〇〇五年『倭寇・偽使問題と韓日関係』景仁文化社（ソウル）
木下　聡　二〇〇六年「対馬宗氏の官途状・加冠状・名字状」『東京大学日本史学研究室紀要』第一〇号
金　義煥　一九八八年「釜山倭館貿易の研究―一五世紀から一七世紀にかけての貿易形態を中心に―」『朝鮮学報』第一二七輯
蔵持重裕　二〇〇七年『中世村落の形成と村社会』吉川弘文館
黒田　智　二〇〇九年『なぜ対馬は円く描かれたのか　国境と聖域の日本史』朝日新聞出版

黒田省三　一九六九年「対馬古文書保存についての私見」『国士舘大学人文学会紀要』第一号
黒田省三　一九七一年「中世対馬の知行形態と朝鮮貿易権―『宗家判物写』の研究―」『国士舘大学人文学会紀要』第三号
国立歴史民俗博物館　二〇〇五年『東アジア中世海道―海商・港・沈没船―』
佐伯弘次　一九八五年「中世後期における大浦宗氏の朝鮮通交」『歴史評論』第四一七号
佐伯弘次　一九九〇年「国境の中世交渉史」網野善彦他編『海と列島文化』第三巻、玄界灘の島々、小学館
佐伯弘次　一九九七年「一六世紀における後期倭寇の活動と対馬宗氏」中村質編『鎖国と国際関係』吉川弘文館
佐伯弘次　一九九八年「中世対馬海民の動向」秋道智彌編『海人の世界』同文舘出版
佐伯弘次　二〇〇〇年「宗家文庫の中世史料」『九州文化史研究所紀要』第四四号(後、増補して佐伯弘次編　二〇〇一年『宗家文庫の総合的研究』文部省科学研究費補助金報告書に再録)。
佐伯弘次　二〇〇一年「中世の尾崎地域と早田氏」美津島町文化財保護協会調査報告書第一集『水崎(仮宿)遺跡』長崎県美津島町文化財保護協会
佐伯弘次　二〇〇三年「海峡論Ⅱ　対馬・朝鮮海峡」赤坂憲雄他編『いくつもの日本Ⅲ　人とモノと道と』岩波書店
佐伯弘次　二〇〇四年「国内外流通の拠点としての対馬」『中世都市研究』第一〇号、港湾都市と対外交流
佐伯弘次　二〇〇八年『対馬と海峡の中世史』山川出版社〈日本史リブレット77〉
佐伯弘次　二〇一〇年『朝鮮前期韓日関係史　博多・対馬』孫承喆・金剛一翻訳、景仁文化社(ソウル)
佐伯弘次・有川宜博　二〇〇二年「大山小田文書」『九州史学』第一三二号

狭川真一　二〇〇四年「火傷を負った金銅仏」『仏教芸術』第二七五号
佐竹　恵　二〇一〇年「中世日朝関係における塩の交易と宗氏」『史敏』第七号
嶋谷和彦　二〇〇五年「出土銭貨の語るもの」小野正敏・五味文彦・萩原三雄編『考古学と中世史研究2
　モノとココロの資料学―中世史料論の新段階―』高志書院
中　基碩　一九八六年「十五世紀の韓日通交―三浦恒居(常住)倭人の問題を中心に―」『アジア公論』第
　一五巻第一号
中　東珪　二〇〇五年『『朝鮮王朝実録』内の日本国王使と偽使」韓日関係史研究論文集編集委員会『倭寇・
　偽使問題と韓日関係』景仁文化社(ソウル)
鈴木哲雄　二〇〇一年「常総地域の『ほまち』史料について」同『中世日本の開発と百姓』岩田書院
須田牧子　二〇一一年『中世日朝関係と大内氏』東京大学出版会
関　周一　一九九二年「香料の道と日本・朝鮮」荒野泰典・石井正敏・村井章介編『アジアのなかの日本史』
　第Ⅲ巻　海上の道、東京大学出版会
関　周一　一九九九年「朝鮮王朝官人の日本観察」『歴史評論』第五九二号
関　周一　二〇〇二年『中世日朝海域史の研究』吉川弘文館
関　周一　二〇〇三年「明帝国と日本」榎原雅治編『日本の時代史』第一一巻、一揆の時代、吉川弘文館
関　周一　二〇〇八年「日朝多元関係の展開」桃木至朗編『海域アジア史研究入門』岩波書店
関　周一　二〇一〇年「『中華』の再建と南北朝内乱」荒野泰典・石井正敏・村井章介編『日本の対外関係』
　第四巻、倭寇と「日本国王」、吉川弘文館
関　周一　二〇一一年「アジアから見た日本の境界」竹田和夫編『古代・中世の境界意識と文化交流』勉

誠出版
孫　承喆　二〇〇九年「薺浦倭館の過去と現在」北島万次・孫承喆・橋本雄・村井章介編著『日朝交流と相克の歴史』校倉書房
高橋公明　一九八二年「外交儀礼よりみた室町時代の日朝関係」『史学雑誌』第九一編第八号
高橋公明　一九八七年a「中世東アジア海域における海民と交流」『名古屋大学文学部研究論集』史学第三三号
高橋公明　一九八七年b「朝鮮遣使ブームと世祖の王権」田中健夫編『日本前近代の国家と対外関係』吉川弘文館
高橋公明　一九八七年c「朝鮮外交秩序と東アジア海域の交流」『歴史学研究』第五七三号
高橋公明　一九八九年「十六世紀の朝鮮・対馬・東アジア海域」加藤榮一・北島万次・深谷克己編著『幕藩制国家と異域・異国』校倉書房
高橋公明　一九九二年「中世の海域世界と済州島」網野善彦他編『海と列島文化』第四巻、東シナ海と西海文化、小学館
竹内理三　一九五一年「対馬の古文書―慶長以前の御判物―」『九州文化史研究所紀要』第一号
竹田和夫編　二〇一一年『古代・中世の境界意識と文化交流』勉誠出版
武田勝蔵　一九二三年「日鮮貿易史上の三浦と和館」『史学』第一巻第三号
田代和生　二〇〇二年『倭館―鎖国時代の日本人町―』文藝春秋社
田代和生　二〇一一年『新・倭館―鎖国時代の日本人町―』ゆまに書房
田代和生・米谷均　一九九五年「宗家旧蔵『図書』と木印」『朝鮮学報』第一五六輯

田中健夫　一九五九年『中世海外交渉史の研究』東京大学出版会
田中健夫　一九六六年『倭寇と勘合貿易』至文堂
田中健夫　一九七五年『中世対外関係史』東京大学出版会
田中健夫　一九八二年ａ『倭寇』教育社〈教育社新書〉（二〇一二年、講談社〈講談社学術文庫〉）
田中健夫　一九八二年ｂ『対外関係と文化交流』思文閣出版
田中健夫　一九九六年『前近代の国際交流と外交文書』吉川弘文館
田中健夫　一九九七年『東アジア通交圏と国際認識』吉川弘文館
田村洋幸　一九六七年『中世日朝貿易の研究』三和書房
張舜順　二〇〇一年「朝鮮前期倭館の成立と朝・日外交の特質」韓日関係史学会『韓日関係史研究』第一五号
中世海事史料研究会編（網野善彦監修）　二〇〇三年『鎌倉時代水界史料目録』東京堂出版
坪井良平　一九七四年『朝鮮鐘』角川書店
鶴田　啓　二〇〇三年「釜山倭館」荒野泰典編『日本の時代史』第一四巻、江戸幕府と東アジア、吉川弘文館
東亜大学校博物館　一九九九年『鎮海薺浦水中遺蹟』
豊玉町教育委員会　一九九五年『豊玉町の古文書（中世文書）』
長崎県史編纂委員会編　一九六三年『長崎県史』史料編第一、吉川弘文館
長崎県立対馬歴史民俗資料館　一九九七年『対馬と韓国の文化交流史』
永留久恵　一九九一年『対馬古代史論集』名著出版

永留久恵　二〇〇九年『対馬国志』第一巻　原始・古代編、第二巻　中世・近世編、第三巻　近代・現代編、「対馬国志」刊行委員会

中村栄孝　一九六五年a「朝鮮世宗の対馬征伐―応永の外寇を朝鮮から見る―」『日朝関係史の研究』上巻、吉川弘文館

中村栄孝　一九六五年b「ツシマの歴史的位置」『日朝関係史の研究』上巻、吉川弘文館

中村栄孝　一九六五年c「日鮮交通の統制と書契および文引」『日朝関係史の研究』上巻、吉川弘文館

中村栄孝　一九六五年d「浦所の制限と倭館の設置」『日鮮関係史の研究』上巻、吉川弘文館

中村栄孝　一九六五年e「三浦における倭人の争乱」『日鮮関係史の研究』上巻、吉川弘文館

中村栄孝　一九六六年『日本と朝鮮』至文堂

中村栄孝　一九六九年a『日鮮関係史の研究』中巻、吉川弘文館

中村栄孝　一九六九年b『日鮮関係史の研究』下巻、吉川弘文館

橋本　雄　二〇〇五年『中世日本の国際関係―東アジア通交権と偽使問題―』吉川弘文館

韓　文鐘　二〇〇〇年「朝鮮前期対馬早田氏の対朝鮮通交」『韓日関係史研究』第一二号

韓　文鐘　二〇〇一年『朝鮮前期向化・受職倭人研究』國學資料院(ソウル)

韓　文鍾　二〇〇五年a「朝鮮前期の倭人統制策と通交違反者の処理」日韓歴史共同研究委員会(第一期)『日韓歴史共同報告』第二分科篇、財団法人日韓文化交流基金(http://www.jkcf.or.jp/history/)

韓　文鍾　二〇〇五年b「朝鮮前期倭人統制策と通交違反者の処理」韓日関係史研究論文集編集委員会『倭寇・偽使問題と韓日関係』景仁文化社(ソウル)

韓　文鍾　二〇一〇年「朝鮮前期韓日関係史研究の現況と課題―二〇〇〇～二〇〇七年の研究成果を中心

に――」日韓歴史共同研究委員会（第二期）『日韓歴史共同報告』第二分科篇、財団法人日韓文化交流基金（http://www.jkcf.or.jp/history/）
藤田明良　一九九八年「東アジアにおける『海域』と国家――一四～一五世紀の朝鮮半島を中心に――」『歴史評論』第五七五号
藤田亮策　一九六三年「高麗鐘の銘文」同『朝鮮学論考』藤田先生記念事業会
仏教芸術学会　一九七四年『仏教芸術』第九五号「対馬・壱岐の美術特集」
平凡社地方史料センター編　二〇〇一年『日本歴史地名大系43　長崎県の地名』平凡社
美津島町教育委員会　一九九九年『美津島町文化財調査報告書第八集　水崎遺跡』
美津島町教育委員会　二〇〇〇年『美津島町文化財調査報告集第九集　金田城跡』
美津島町文化財保護協会　二〇〇一年『美津島町文化財保護協会調査報告書第一集　水崎（仮宿）遺跡』
溝川晃司　二〇〇三年「日麗関係の変質過程―関係悪化の経緯とその要因―」『国際日本学』（法政大学文部科学省二一世紀COEプログラム採択　日本発信の国際日本学の構築　研究成果報告集）第一号
溝川晃司　二〇〇五年「境界地域としての中世対馬」法政大学国際日本学研究所紀要『国際日本学研究』第一号
峰町教育委員会　一九九三年『峰町文化財調査報告書第一一集　木坂海神神社弥勒堂跡』
三浦周行　一九三〇年「足利時代日本人の居留地たりし朝鮮三浦」同『日本史の研究』第二輯
宮崎貴夫　一九九八年「長崎県地域の貿易陶磁の様相―肥前西部・壱岐・対馬―」『貿易陶磁研究』第一八号
宮崎貴夫　二〇〇三年「対馬・壱岐」小野正敏・萩原三雄編『戦国時代の考古学』高志書院
村井章介　一九八八年『アジアのなかの中世日本』校倉書房

村井章介　一九九三年『中世倭人伝』岩波書店〈岩波新書〉
村井章介　一九九五年『東アジア往還』朝日新聞社
村井章介　一九九七年ａ『海からみた戦国日本』筑摩書房〈ちくま新書〉（二〇一二年『世界史のなかの戦国日本』筑摩書房〈ちくま学芸文庫〉）
村井章介　一九九七年ｂ「倭人たちのソウル」同『国境を超えて―東アジア海域の中世―』校倉書房
村井章介　一九九七年ｃ「三浦の鎮城と関限―薺浦を中心に―」同『国境を超えて―東アジア海域の中世―』校倉書房
村井章介　一九九九年『中世日本の内と外』筑摩書房〈ちくまプリマーブックス〉
村井章介　二〇〇六年『境界をまたぐ人びと』山川出版社〈日本史リブレット28〉
村井章介　二〇一〇年「倭寇とはだれか―十四～十五世紀の朝鮮半島を中心に―」『東方学』第一一九輯
村井章介・荒野泰典・高橋公明・孫承喆　一九九三年「三浦から釜山倭館へ―李朝時代の対日交易と港町―」財団法人韓国文化研究振興財団『青丘学術論集』第三集
森本朝子　二〇〇二年「壱岐・対馬出土のベトナム磁器について」『国立歴史民俗博物館研究報告』第九四集
山内晋次　二〇〇三年『奈良平安期の日本とアジア』吉川弘文館
米谷　均　一九九七年ａ「一六世紀日朝関係における偽使派遣の構造と実態」『歴史学研究』第六九七号
米谷　均　一九九七年ｂ「漂流民送還と情報伝達からみた一六世紀の日朝関係」『歴史評論』第五七二号
米谷　均　一九九八年「中世後期、日本人朝鮮渡海僧の記録類について」『青丘学術論集』第一二集
山本信吉　一九七四年「対馬の経典と文書」『仏教芸術』第九五号
柳　在春　二〇〇五年「朝鮮前期偽使の発生背景について」韓日関係史研究論文集編集委員会『倭寇・偽

使問題と韓日関係』景仁文化社（ソウル）
吉田正高　二〇〇七年「金剛院所蔵資料の整理・保存」早稲田大学水稲文化研究所編『アジア地域文化学叢書9　海のクロスワード対馬―二一世紀ＣＯＥプログラム研究集成―』雄山閣
李　進熙　一九八四年『倭館・倭城を歩く―李朝のなかの日本―』六興出版
早稲田大学水稲文化研究所編　二〇〇七年『アジア地域文化学叢書9　海のクロスワード対馬―二一世紀ＣＯＥプログラム研究集成―』雄山閣

初出一覧

はじめに　新稿
第一章・第二章　新稿
「朝鮮半島との交流　対馬」（網野善彦・石井進編『中世の風景を読む』第七巻、東シナ海を囲む中世世界―九州・沖縄編』新人物往来社、一九九五年）、「対馬・三浦の倭人と東アジア海域」（歴史学会『史潮』新六〇号、二〇〇六年）、「中世対馬の課役と所領」（早稲田大学水稲文化研究所編『アジア地域文化学叢書9　海のクロスワード対馬―二一世紀COEプログラム研究集成―』雄山閣、二〇〇七年）、「中世の日朝交流と境界意識」（交通史研究会『交通史研究』第六七号、二〇〇八年）、「日本から見た対馬の領土問題」（韓日関係史学会『東アジアの領土と民族問題』景仁文化社〈ソウル〉、二〇〇八年）、「アジアから見た日本の境界」（竹田和夫編『古代・中世の境界意識と文化交流』勉誠出版、二〇一一年）の内容を含む。
第三章　「中世対馬の物流」（歴史人類学会『史境』第四九号、二〇〇四年）を増補。
「朝鮮半島との交流　対馬」（前掲）、「『朝鮮王朝実録』にみる国家と境界の技術交流」（研究代表者小野正敏　平成一八年度～平成二二年度科学研究費補助金　基盤研究（A）『中世東アジアにおける技術の交流と移転―モデル、人、技術』二〇一〇年）の内容を含む。
第四章　「中世対馬の課役と所領」（前掲）を補訂。

第五章　「朝鮮三浦と対馬の倭人」（小野正敏・五味文彦・萩原三雄編『考古学と中世史研究3　中世の対外交流—場・ひと・技術—』高志書院、二〇〇六年）を補訂。

おわりに　新稿

「朝鮮三浦と対馬の倭人」（前掲）の一部の他、「日本から見た対馬の領土問題」（前掲）、「アジアから見た日本の境界」（前掲）の内容を含む。

あとがき

本書が刊行された二〇一二年は、東京都の石原慎太郎知事が、尖閣諸島を都が購入することを打ち出すなど、国境をめぐる動きが活発な年であった。八月には、韓国の李明博大統領が竹島(独島)を訪問し、同月一五日には香港の活動家らが尖閣諸島の魚釣島に上陸するというパフォーマンスを行った。国境の島やそれにともなう利権をめぐり、それぞれの政府が、自己の主張をひたすらぶつけ合う構図はますます強くなり、そこには政権の浮揚を図ろうとする意図が見える。そしてそれぞれのマスコミや国民の多くは、こうした政府の主張を強く支持している。このように解決策を見いだせないでいる現代の国境問題を考える上でも、本書で扱った中世の対馬の人々(境界人、倭寇)や、朝鮮王朝の対応など、その多様な姿や柔軟な姿勢はヒントを与えてくれるのではないだろうか。本書をまとめることで、そのような思いを強くした。

さて本書は、私にとっては、『中世日朝海域史の研究』(吉川弘文館、二〇〇二年)に続く二冊目の著書である。これまで書いた論文をもとにしているため、もう少し早い時期の刊行をめざしたのだが、ようやく刊行にこぎつけることができた。

本書のとりまとめをしていた昨年の三月、東日本大震災に被災した。三月一一日、私が住む茨城県日立市は震度6強の揺れに見舞われた。その時、私は在宅していたが、数分おきに起こる余震と、津波警報を知らせる無線放送、救急車と消防車のサイレンとで騒然とした雰囲気の中で、夜を迎えた。自宅の被害は軽微なものだったが、電気・ガス・水道のライフラインは一週間ほど止まった。このようなささやかな経験でも、人生観を変えるほど心に刻み込まれた。震災のため、仕事の予定を変更せざるを得なくなり、本書の原稿の完成は、昨年夏までずれ込んでしまった。

高志書院の濱久年氏は、原稿を丹念に読み、叙述の細部にわたって訂正すべき箇所を指摘してくれた。最初の原稿では第3～5章の各論を前面に打ち出した構成だったが、第1・2章(当初は、二つで一章)を増補し、中世の対馬を概観できるような構成にし、各章につながりをつけることを助言してもらった。1・2章は、近年書いた諸論文をもとに構成することにした。原稿に加筆したり、補正する作業にかなりの時間がかかったものの、その一回の手直しで、濱氏からのOKが出た。本書が読みやすく、かつ著者の意図が伝わるものとなっているとすれば、それはひとえに濱氏のおかげである。濱氏には、改めて御礼を申し上げたい。

大学院生の頃を含めれば、歴史学の研究を始めて、はや四半世紀になる。ある公募に応募して、採用に向けての確認の電話をいただいた(つまり採用の決定では無い)ものの、翌日、公募自体が取り消しになった旨の電話をもらった(私は不在だったため、家族が電話を受けた)ことがあり、このような社会の厳しさや不条理を何度か経験し、研究を続けることが危ぶまれた時もあった。それでも多くの方々の支えがあって、何とか続けることができた。専門分野では、前近代対外関係史研究会(対外史研)や『朝鮮王朝実録』講読会、中堅・若手の対外関係史・海域アジア史研究者が集う「倭寇の会」(毎年三月に行う合宿に、唯一人、一三回全てに参加している)などに参加する方々から受ける刺激が、研究の原動力となった。

勤務先(非常勤)の図書館を利用させてもらうことで、蔵書を補いながら研究を続けてきたが、ボーナスや研究費の無い身としては、現地調査をすることは容易ではない。だが、幸いなことに、文部科学省の科学研究費や財団による研究プロジェクトに加えてもらうことで、現地を訪れることができた。本書のフィールドとした対馬と三浦については、次のプロジェクトにより、調査ができた。①財団法人韓国文化研究振興財団「三浦から釜山倭館へ―李朝時代の対日交易と港町―」(一九九一年一一月から一年、研究代表者 村井章介)は、村井章介・荒野泰典・高橋公明・孫承喆各氏ら港町研究会によるもので、筆者は三浦の調査に加えてもらった。科研費では、②基盤研究(A)(1)「八―一七世紀の東アジア地域における人・物・情報の交流―海域と港市の形成、民族・地域間の相互認識を中心に―」(研究代表者 村井章介、二〇〇〇～二〇〇三年度)、③基盤研究(A)(2)

「前近代の東アジア海域における唐物と南蛮物の交易とその意義」(研究代表者　小野正敏、二〇〇二～二〇〇五年度)、④基盤研究(A)「中世東アジアにおける技術の交流と移転―モデル、人、技術」(研究代表者　小野正敏、二〇〇六年度～二〇〇九年度)の研究協力者に加えてもらった。対馬については②③④、三浦については①②③によって調査を行った。二〇〇二年八月は②と③の調査で対馬を訪れ、③では台風のため、宿舎の上対馬荘に一日閉じ込められた。②の調査の帰りに、海老澤衷氏らと対馬空港で一緒になった。海老澤氏は、早稲田大学水稲文化研究所および⑤基盤研究(B)(2)「東アジアにおける水田形成および水稲文化の研究(日本を中心として)」(研究代表者　海老澤衷、二〇〇二～二〇〇三年度)の豆酘の調査のため、対馬を訪れていたのだが、その偶然の出会いをきっかけに、二〇〇二年一一月、早稲田大学で開催されたシンポジウム「対馬の歴史と民俗」において、「中世対馬の所領表記について」という報告を行うことになり、科研の報告書に論文を寄せた。それが本書の第4章にあたる。また第3章は②⑤の報告書の論文がもとになっており、③の成果である国立歴史民俗博物館の企画展『東アジア中世海道―海商・港・沈没船―』(二〇〇五年三月～五月。その後、大阪歴史博物館、山口県立萩美術館・浦上記念館を巡回)に合わせて、二〇〇五年四月に開催された第3回考古学と中世史研究シンポジウム「中世の対外交流―場・ひと・技術」の報告が第5章である。

こうしたプロジェクトにより、多くの知見を得ることができた。大学などで講義をしたり、研究を続けることができるのはそのためであり、誠に感謝の念に堪えない。そして小野正敏氏や村木二郎氏をはじめとする中世考古学の方々（そして濱氏）とのつきあいも始まり、研究の視野を広げることができた。現在も村井章介氏、村木二郎氏や中島圭一氏をそれぞれ代表とする科研に加えてもらっている。私が、その環境に見合うだけの成果をあげているかどうかについては、読者の皆さんの評価を待ちたいと思う。

最後に一言。最近、榎本渉氏に指摘されて気づいたのだが、「関周一」（クワンチョウイー）は中国人名としても通じる姓名である。「関」という姓はもとより、名は数詞を使う輩行である。そういえば、中国人の留学生から「先生は中国の方ですか」と尋ねられたことがある。したがってこのような姓名を名乗り、日本で暮らす私は、境界人（倭寇）ということになる。この姓名に負けないような、境界人（倭寇）についてのさらなる研究を誓って、本書を結びたいと思う。

二〇一二年八月

関　周一

【著者略歴】

関　周一（せき しゅういち）

1963年　茨城県日立市に生まれる。
1992年　筑波大学大学院博士課程歴史・人類学研究科単位取得退学。
2002年　筑波大学より博士（文学）の学位取得。
1992年　日本学術振興会特別研究員（PD、～1994年）を経て、
現在、つくば国際大学・武蔵大学・中央大学・成城大学・慶應義塾大学・常磐大学・産業能率大学（通信教育）・自由が丘産能短期大学（通信教育）　各非常勤講師（兼任講師）。
上記を含めて、14大学、3短期大学、1工業高等専門学校、3高等学校、2予備校の非常勤講師を歴任。

【おもな著書】
『中世日朝海域史の研究』吉川弘文館
『火縄銃の伝来と技術』（佐々木稔編、共著）吉川弘文館
『十王町史』図説、地誌編、通史編（共著）

高志書院選書 8

対馬と倭寇―境界に生きる中世びと―

2012年10月10日　第1刷発行

著　者　関　周一
発行者　濱　久年
発行元　高志書院
〒101-0051 東京都千代田区神田神保町2-28-201
TEL03(5275)5591　FAX03(5275)5592
振替口座　00140-5-170436
http://www.koshi-s.jp

印刷・製本／亜細亜印刷　装丁／飯村一男

ISBN978-4-86215-114-8

****

高志書院選書

****

1 中世の合戦と城郭	峰岸純夫
2 修験の里を歩く―北信濃小菅―	笹本正治
3 信玄と謙信	柴辻俊六
4 中世都市の力―京・鎌倉と寺社―	高橋慎一朗
5 日本の村と宮座―歴史的変遷と地域性―	薗部寿樹
6 地震と中世の流通	矢田俊文
7 聖地熊野の舞台裏―地域を支えた中世の人々―	伊藤裕偉
8 対馬と倭寇―境界に生きる中世びと―	関　周一
霊場の考古学	時枝　務
民衆と天皇	坂田　聡・吉岡　拓
中世西国の武士団と山村・海村	市村高男
系図の中世史	白根靖大
中世の淀川と物流	橋本久和
中世武士の墓	狭川真一
金銀山の中世	萩原三雄
世紀末と経塚の時代	村木二郎
中世陶磁を読む	八重樫忠郎

****

以下続々刊行

※№なしは刊行予定　各タイトルは仮題です。刊行順不同

各巻四六判・上製カバー・200㌻前後・予価 2500 円前後（税別価格）